外山紀子　中島伸子
Noriko Toyama　Nobuko Nakashima

乳幼児は世界をどう理解しているのか

ポプラ新書
248

はじめに

幼児の言葉は、時に私たち大人を楽しませたり、驚かせたりします。花が咲き始めた桜の木を見て「これで桜（の木）も、さみしくなくなるね」とか、沈み始めた太陽を見て「大変だ！　早く充電しなくちゃ」とか、クスッと笑えるエピソードに心当たりのある方も多いのではないでしょうか。

しかし、幼児は本当に桜の木がさみしいと感じたり、太陽に充電が必要だと考えているのでしょうか。子どもは身の回りの出来事をどのように理解しているのか、それは大人の理解とどう異なるのか、そして子どもはどのようにして知識を獲得していくのか。これらの問いに対する答えを探ろうと、認知発達心理学者はさまざまな方法で子どもにアプローチしてきました。

とはいえ、乳幼児を対象とする場合、そこには多くの困難があります。まだ就学前ですので、質問紙に回答してもらうことはできません。一対一の対面式で質問するとしても、質問が難しいと「？」という顔をされたり、黙って俯かれてしまうこともあります。また、幼児はたとえ質問を理解できなくても、とりあえず答えることもあるので、注意が必要です（第2章参照）。逆に、本当はかなりのことを知っているのに、言葉で十分に表現できず、もっている力の半分も発揮できない場合もあります。

乳幼児の認知にアプローチする方法は、さまざまです。「観察法」ではある状況における子どもの行動を注意深く観察し、行動の背景にある認知能力を探ります。一定の仮説のもとで条件を設定し、その条件下で生起する反応を測定する実験法もあります。近年では、侵襲性の低い手法が開発されたことから、脳神経科学（脳科学）もヒト乳幼児の認知研究で大きな成果をあげています。

本書では、これらのなかで実験を用いた研究を主に紹介しています。乳児にある場面を見てもらい、どこに、どのくらいの時間、視線を向けたかを計測した研究、いくつかの選択肢を示し、どれが一番よいと思うか選んでもらった研究、子どもを主人公とする短い物語を聞いてもらい、その主人公がどう考えたかを答えてもらった研究などです。これらの方法を通して明らかになる乳幼児の理解には驚くものがあります。「赤ちゃんでも、こんなことがわかるんだ」とか、「3歳の子はこんなふうに世界を見ていたのか」とか、「子どもは大人以上に理性的かも……」と思わせる研究もあります。

乳幼児から反応を引き出すことは難しいのですが、だからこそ、実験には研究者の知恵と工夫が詰まっています。本書では実験手続きについてもある程度詳しく説明していますが、それはそこに子どもとつきあうヒントが隠されていると考えるからです。わかりやすい言葉を使うことはもちろんのこと、あまり多くの課題を詰めこまないこと、課題の説明と同時にそのエッセンスを描いた絵を提示することなど、日常場面でも応用できることがあるはずです。

本書は2013年に新曜社から出版した『乳幼児は世界をどう理解しているか』を前身としています。新曜社版は研究法の紹介にひとつの章をあてるなど、大学院生など研究を志す方々や、保育園・幼稚園の先生など子どもの養育にかかわる専門職の方々を主な読者層として想定しました。これに対して本書は新書ということもあり、想定する読者層をより広げています。

研究成果を社会に還元することは研究者の重要な仕事のひとつですが、今回、新書をまとめる機会をいただき、著者ふたりは基礎的な認知発達研究をどうすれば社会に還元できるのか、改めて考えました。

まず、認知発達研究は、子どもに対する取り組みを考える基礎資料になります。各発達時期において子どもがどの程度の記憶能力や理解を有しているかがわからなければ、子どもに何をどう教えたらよいのか、その有効な手立てを考えることはできません。

2019年末に始まった新型コロナウイルス感染症の感染拡大は世界規模の混乱をもたらしましたが、感染予防のために子どもたちもソーシャル・ディスタンスの確保やマスクの着用、手洗いが求められました。子どもにこれらの履行を促す大人の働きかけは、病気の原因やウイルスの正体、感染に関する幼児の理解（第3章参照）をふまえたものであってこそ、有効に働きます。

もうひとつ、認知発達研究の成果は子どもに関する大人の見方を変え、子どもが発達するよりよい環境づくりに寄与します。たとえば、幼児は小学生や大人に比べれば、できないことが多いものです。文字を書くこと、計算すること、逆上がりをすること、服をきれいにたたむこと、どれもイマイチの出来ですが、「大きくなれば上手になる」と将来の自分に甘い評価を下しがちです。そのような姿を見ると、親はついつい「しっかりしなさい！」と厳しくあたってしまうかもしれません。しかし認知発達研究は、幼児のこの甘い見通しについて別の見方を示します（第6章参照）。こうした研究に触れれば、大人の見方は「まったくもう！」から「けなげにがんばってるねえ」に変わるかもしれません。こんなメッセージが多くの方に届くことを願っています。

外山紀子・中島伸子

乳幼児は世界をどう理解しているのか／目次

第2章　記憶と学習

第3章　生物についての理解

第5章　物の世界をどう理解しているか

第1章

乳児のコミュニケーション

ヒトは未熟な状態で生まれてきます。未熟というと、マイナスに思われるかもしれませんが、必ずしもそうとはいえません。鋳物《いもの》製品は成形される前、熱で溶かされドロドロの状態にありますが、これからどんな形にでもなることができる、大きな可能性をもっています。これと同じように、ヒトは未熟に生まれてくるからこそ、その後の学習によって多様な発達を遂げることができるのです。そしてヒト乳児には、この学習をスムーズに進めるための準備が備わっています。その準備とは何でしょうか。

私たちは知識の多くを他者を通して得ています。しかし、そのうち直接経験したことで得る知識はごくわずかです。他者の振る舞いを見て、他者の発言を聞いて、他者に教えてもらうことで多くのことを学ぶのです。乳児に備わっている、学習をスムーズに進めるための準備は、他者を通した学習の土台にある他者への関心、他者とコミュニケーションしようとする志向性です。ただし、乳児はまだ言語をもたないので、そのコミュニケーションはより原初的なもの、身体をベースとしたものとなります。

本章では、乳児が誕生直後から他者の身体に特別な関心を向け、身体の動きを鋭敏に知覚し、自らの身体で働きかけ応答しようとすること、そして自分の身体を自由に操れるようになると、さらに積極的なコミュニケーションを求めるようになることをみていきます。

1　乳児の生存戦略

生理的早産——ヒトはなぜ未熟な状態で生まれるのか

ヒトとほかの種の違いは、「人間は◯◯な動物である」という言葉で表されてきました。19世紀イギリスの歴史家カーライル（T. Carlyle）は「人間は道具を使う動物である」と述べ、日本の食文化研究者である石毛直道は「人間は料理をする動物である」「人間は共食《きょうしょく》をする動物である」と述べています。「人間は社会的動物である」といったのは、古代ギリシャの哲学者アリストテレスでした。言語や二足歩行もヒトを特徴づけるものですが、ヒトの発達過程を理解しようとする際に重要であることは、ヒトが「生理的早産」の状態で生まれてくることです。

20世紀スイスの動物行動学者ポルトマン（A. Portmann）は、その著書のなかで「人間は生後1歳になって、真の哺乳類が生まれたときに実現している発達状態にやっとたどりつく。そうだとすると、この人間がほかの高等哺乳類なみに発達するには、われわれ人間の妊娠期間が現在よりもおよそ1ヶ年のばされて、約21ヶ月になるはずだろう」[※1]と指摘し、未熟な状態で生まれてくることを「生理的早産」と呼びました。

一般的に小型動物は未熟な状態で誕生します。そのため養育してもらう必要があり、生まれてしばらくの間、巣にとどまります。これを「就巣性《しゅうそうせい》」といいます。スズメのヒナはそのよい例です。これに対して、大型動物は誕生時点ですでによく成熟しており、ウシやウマは誕生後まもなく自分の力で立ち上がることができます。これを「離巣性《りそうせい》」といいます。

ヒトは大型動物なので離巣性のはずなのですが、ヒト新生児は感覚器官こそよく発達しているものの、運動器官はとても未熟です。自分で移動することはおろか、姿勢を変えることも、頭部を支えることもままなりません。感覚器官・運動器官ともよく成熟した状態で生まれてくるためには、本来あと1年間、母胎内にいる必要があります。しかし、ヒトは進化の過程で二足歩行を獲得し、それと引き換えに小さな骨盤をもつようになりました。そのため、胎児が大きく育ち過ぎると狭い産道を通すことができません。ヒトは安全な出産と引き換えに、胎児の身体器官の成熟を犠牲にしたのです。

養育者を引きつける——「守ってあげたい」と思わせる

ヒト乳児は未熟ですが、養育者の関心を自分に引きつけ、養育行動を引き出すことには長けています。

大人に「かわいい」という感情を自然と喚起させる外見は、ベビースキーマと呼ばれています。これはノーベル賞受賞者でもある動物行動学者のローレンツ（K. Lorenz）が指摘した概念です。[※2] 図1左列のように、頭が大きく、額が広く盛り上がっており、目は大きく頭の下の部分にあり、頰は膨れています。「かわいい」キャラクターの特徴と一致していませんか。幼体がこうした外見的特徴をもつことはヒトに限りませんが、私たちはベビースキーマを前にすると「守ってあげたい」という養育感情を自然と抱くようです。そしてこの感情が養育行動へとつながっていきます。

とはいえ、乳児は養育してもらうことを待つだけの受動的な存在ではありません。自ら能動的に養育者を探し出す能力も備えています。たとえば、乳児は目・鼻・口からなる顔らしい図版を好み、[※3] 誕生直後から言語音への関心を示し、母語とそうでない言語を聞きわけます。[※4] これらの特性・能力は、環境内から養育者を見つけ出すことを助けます。

図1　ベビースキーマ。左は「かわいい」と感じられる頭部の形態（Lorenz,K 1943をもとに作成）

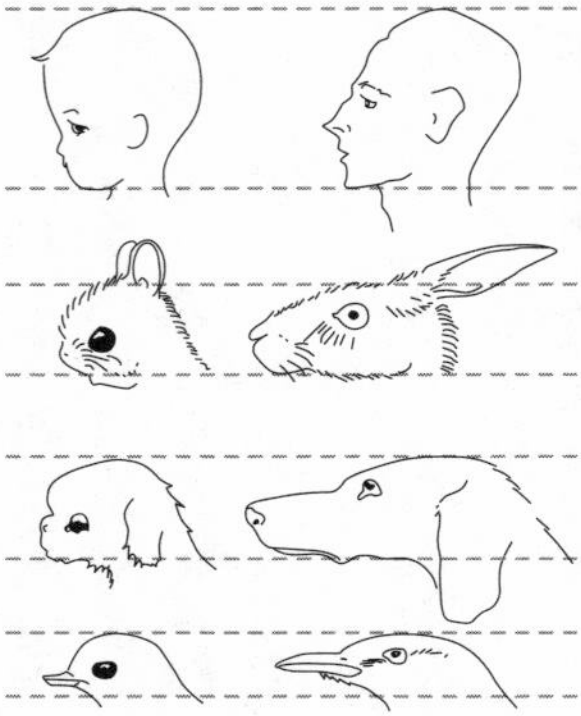

バイオロジカル・モーション――ヒトらしい動きとは

乳児はヒト（動物）らしい動きにも特別な関心を向けます。ここで、バイオロジカル・モーションの研究を紹介しましょう。

身体の関節や頭部に光点をつけ、動いている場面を暗闇で撮影すると、ただいくつかの光点が動いているだけの映像が得られます。私たちはこの一見単純に見える映像から、それがヒトであること、そのヒトがしている行為、さらにはそのヒトが男性なのか女性なのか、どのような意図や感情をもっているのかなど、さまざまな情報を読み取ります。この現象はバイオロジカル・モーション知覚と呼ばれています（YouTubeで「バイオロジカルモーション」と検索すると、映像を確認できます）。

研究の発端は1973年に発表されたヨハンソン（G. Johansson）の論文にあります。[※5]以後、さまざまな検討が行われてきました。その結果、バイオロジカル・モーション知覚には対象の動きが重要であること、たとえ何十個もの光点が装着されていても、身体が静止していればただのランダムな点としてしか知覚されないことがわかってきました。映像を上下逆さまにして見せた場合も、バイオロジカル・モーションとしては知覚されません。乳児を対象とした検討も行われてきました。3ヶ月児は光点がランダムに、あるいはまとまりなく動く映像よりもバイオロジカル・モーションの映像をより長く見つめ、[※6]誕生わずか4日の新生児も両者に対して異なる反応を示します。[※7]乳児も大人同様、バイオロジカル・モーションの特徴を備えた動きとそうでない動きを区別し、バイオロジカル・モーションをより好むのです。

一方、自閉症（自閉スペクトラム症）児にはバイオロジカル・モーションに対する好みが認められません。自閉症は、脳の機能障がいにより、対人関係の困難さやこだわりの強さといった特性をもつ障がいです。

ある研究では、[※8]定型発達児と自閉症児、さらに学習障がいや注意欠陥・多動性障がいのように、自閉症ではない発達障がい児などを含む、すべて2歳の子どもたちに、図2

のような映像を見てもらいました。左列は、音楽にあわせて踊っているヒトの身体に光点をつけて撮影した映像です。一方、右列はその映像を上下逆さまにして、かつ逆回しにしたものです。上下逆さまで逆回しにしてしまうと、身体が動いているとは知覚できません。この実験では、右列の映像と左列の映像を同時に見てもらい、どちらの映像を長く見つめるかを分析しました。

その結果、定型発達児と自閉症でない発達障がい児は、左列（踊っているヒトの映像）の映像を右列の映像（上下逆さま、逆回し映像）より長く見つめる傾向がありました。しかし、自閉症児についてはこの傾向が認められませんでした。私たちは興味をも

図2　バイオロジカル・モーション の映像イメージ（Klin et al. 2009をもとに作成）

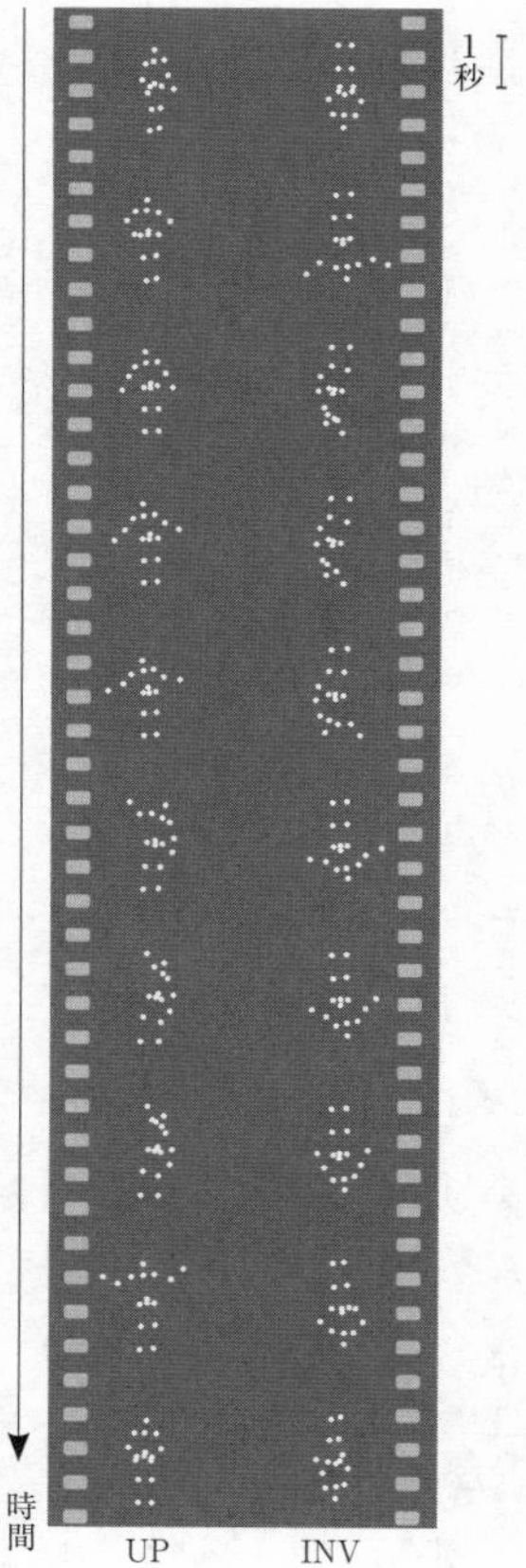

つ対象を長く見つめます。このことから考えると、自閉症児はバイオロジカル・モーションに興味をもたなかった、ヒトらしい動きに関心を抱かなかったということになります。自閉症における対人関係の困難さは、このような知覚特性と関係があるのでしょう。

アニマシー知覚――「生きている」という感覚

バイオロジカル・モーション知覚にみられるように、私たちは対象に対して「生きている」という感覚をもつことがあります。これはアニマシー（生物性）知覚と呼ばれています。

大人のアニマシー知覚は、かなり以前から研究されてきました。最も有名な研究は社会心理学者のハイダー（F. Heider）らによるものです。[※9] ハイダーらは大人に、箱と大きな△、小さな△、そして小さな○が運動するアニメーション映像（これもYouTubeで「アニマシー知覚」「ハイダー」と検索すると観ることができます）を見てもらいました（図3）。その後、どのような映像だったのか報告してもらったところ、多くの人が図形の動きを「大きな△が小さい△を追いかけた」「小さい△と○が力をあわせて、大きな△を撃退した」「最後は大きな△がやけになって、箱に八つ当たりした」といった言葉で語ったというのです。私たちは、本来、特に意味のない図形の動きに意図や感情とい

図3　ハイダーの研究のアニメーション映像を一部イラスト化したもの（YouTube「Heider and Simmel Movie」をもとに作成）

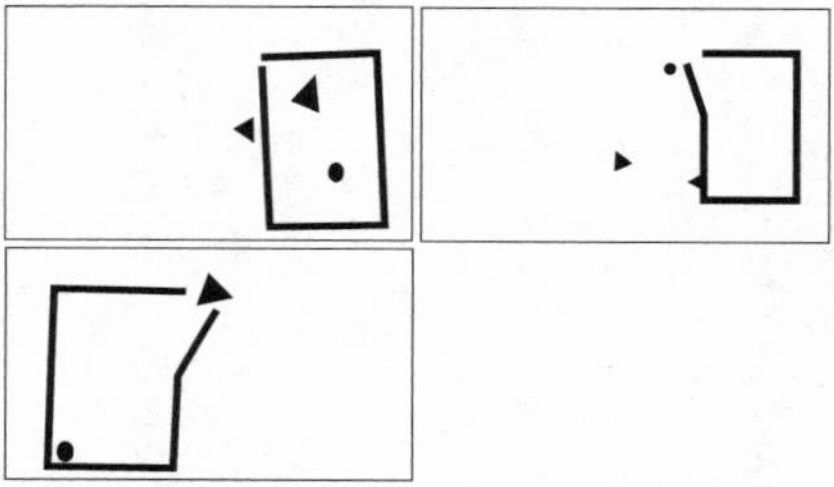

った心を付与して理解しようとするのです。

アニマシー知覚は乳児にも認められます。このことは、次のような鮮やかな実験で示されています。[※10] まず、12ヶ月児に図4のような映像を繰り返し見てもらいます。大きな円と小さな円が、壁を挟んで左右に位置しています。このふたつの円は交互に膨らんでは縮み、膨らんでは縮みという動きを繰り返します。その後、小さな円は大きな円の方向に動き始めますが（a）、壁の前まで移動したところでいったん後ろに戻ります。そして再び大きな円に向かって、今度はスピードを速めて移動し、壁を飛び越えて大きな円に接触します（b）。

乳児にはこの映像を何回も見てもらいますが、乳児に限らず私たちは同じ刺激を繰

図4　アニマシー知覚の実験の馴化刺激
（Gergely et al., 1995をもとに作成）

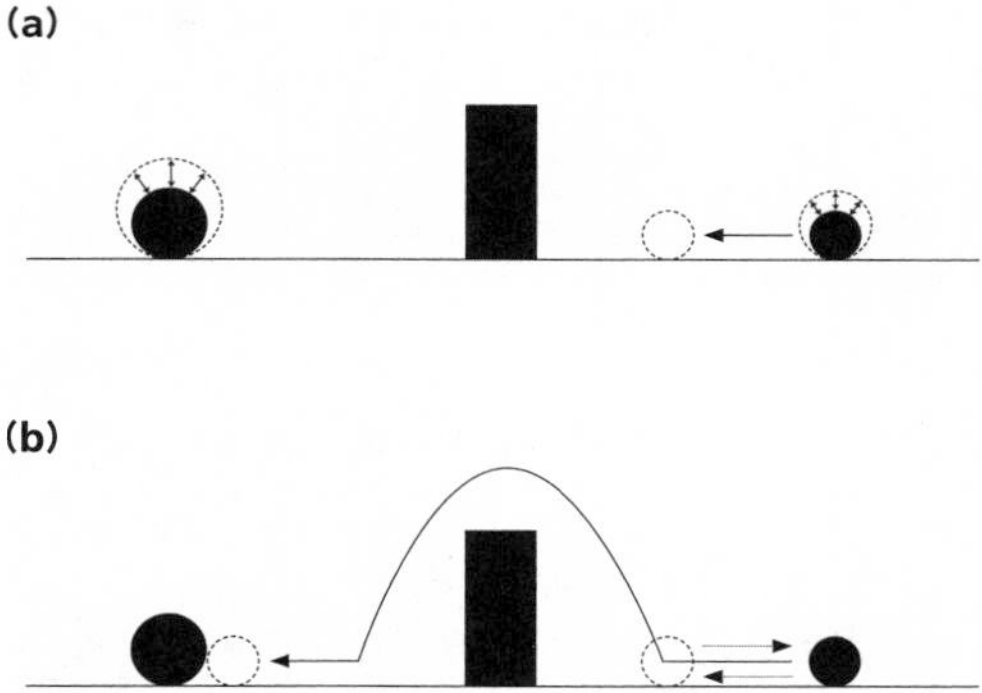

り返し見ていると、その刺激に飽きてきます。これを馴化《じゅんか》（馴れる）といいます。実験では乳児の飽き具合（馴化の程度）を注視時間で測定します。飽きてくれば注視時間は減少します。乳児が先の映像（馴化刺激）に飽きたところで、別の映像（テスト刺激）を見せます。もし乳児が馴化刺激とテスト刺激を別のものと認識すれば、乳児にとってテスト刺激は新奇な刺激となるので、注視時間が回復するはずです（脱馴化といいます）。

一方、同じものと認識すれば、すでに見飽きた刺激なので注視時間は回復せず、減少したままになるはずです。これを指標として、乳児が馴化刺激とテスト刺激を区別するかどうかをみる実験法を馴化法といいます。

この研究では、ふたつのテスト刺激を用意

図5　アニマシー知覚の実験のテスト刺激
（Gergely et al., 1995をもとに作成）

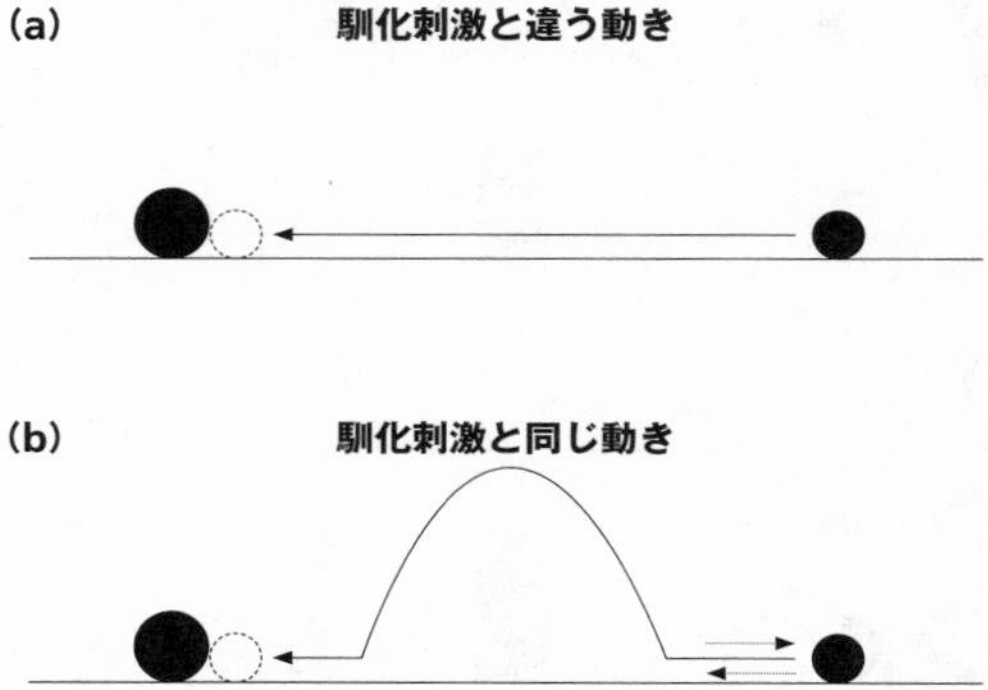

しました（図5）。

ふたつのテスト刺激のうち（b）は、大きい円と小さい円の中間に壁がないだけで、残りの動きは馴化刺激と同じです。壁が取り払われているものの、小さな円は壁のあった位置で上に飛び上がり、大きな円まで移動します。（a）では、壁がないだけでなく、小さな円は大きな円まで一直線に、つまり最短距離で移動します。

12ヶ月児はテスト刺激の（a）と（b）のどちらに脱馴化したのでしょうか。小さな円の動き方は、テスト刺激の（b）では馴化刺激と同一ですが、（a）では直線的に動くので、乳児は動き方の異なる（a）に脱馴化する（馴化刺激と別のものと認識する）と思いませんか。しかし、この予想とは異なり、脱馴化は（b）について認められました。なぜこのようなことが起こったのでしょう。

私たちは、馴化刺激を次のようなストーリーをもつものとして理解すると考えられます。

「お母さん（大きな円）が子ども（小さな円）に対して『こっちにいらっしゃい！』と呼びかけた。そこで子どもはお母さんに向かって走り出した。しかし、お母さんとの間には壁があった。そこで、子どもは勢いをつけるために少しあとずさりしてから走り始め、その勢いで壁を飛び越え、お母さんに抱きついた」

馴化刺激をこのように理解すると、ここから逸脱するのはテスト刺激の（b）になります。子どもはお母さんに早く抱きつきたいのだから、必要性のないところで飛び上がるはずがないからです。12ヶ月児が（a）ではなく（b）に脱馴化したのは、乳児が刺激映像を先のような親子のストーリーとして理解したことの証といえます。

自己推進性——モノとヒトを区別する

乳児が円のような物理的事物について前記のような反応を示すのは、物理的事物と生物（動物）を動きの特性という点で区別していないからではないか。こうした意見があ

図6　スペルキたちの実験で使われた馴化刺激とテスト刺激
（Spelke et al., 1995をもとに作成）

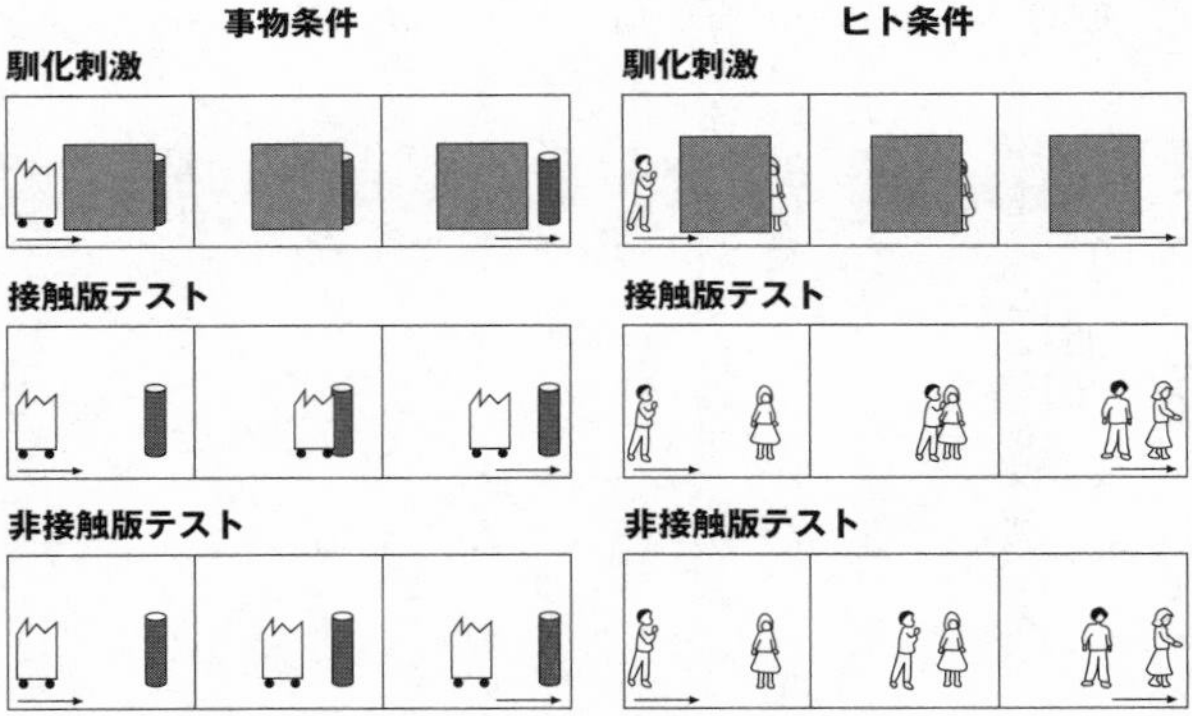

るかもしれません。しかし、アメリカの発達心理学者であるスペルキ（E. Spelke）らの研究結果は、これを否定します。スペルキらは、7ヶ月児が自己推進性という点から物理的事物とヒト（動物）を区別することを示しました。自己推進性とは自ら動き始めることですが、これは物理的事物にはあてはまりません。テーブルが外部から力を加えられずに動き始めることはありませんね。しかし、イヌは自分でどこかに行ってしまうことがあります。生物（動物）は、自己推進力をもつからです。

　スペルキらは次のような実験を行いました[※11]（図6）。この研究でも、先に述べた馴化法が使われました。馴化刺激を繰り返し見せ、乳児がその刺激に馴れた（注視時間が減少した）ところで、テスト刺激を見せます。もし馴化刺激とテスト刺激を区別すれば脱馴化が生じ（注視時間が回復する）、そうでなければ、注視時間は減少したままになるはずです。

スペルキらの実験にはふたつの条件がありました。事物条件の馴化刺激は、車輪のついた事物Aが左側から移動してきて、ついたての向こう側に入り、その後、ついたての右側から円柱形の形をした事物Bが出てくるという映像でした。ヒトを条件とした馴化刺激も動きは同じですが、事物Aではなく男性が、事物Bではなく女性が前記のように移動しました。

これらの映像を何回も見てもらい、乳児の注視時間が減少したところで、今度はテスト刺激を見せました。テスト刺激にはふたつのパターンがありました。どちらのパターンでも、馴化刺激にあったついたてが取り払われています。そのため、ついたての向こう側で何が起こっていたかがわかる仕掛けになっています。接触パターンのテスト刺激では、事物Aと事物B（事物条件）が、あるいは男性と女性（ヒト条件）が接触したあとで、事物Bまたは女性が右方向に移動します。一方、非接触パターンのテスト刺激では接触せずに、事物Bまたは女性は右方向に移動します。

もうおわかりかと思いますが、馴化実験では、乳児が「そうなるだろうな」と期待していたことと異なる状況を見せられると、脱馴化（注視時間の回復）が生じます。この意味から、馴化法は期待背反法とも呼ばれます。

さて、スペルキらの実験では、脱馴化はどこで生じたのでしょうか。7ヶ月児は事物条件の非接触パターンについてのみ、注視時間を回復させました。動物であるヒトは自分で移動する力をもっている（自己推進力がある）ので、接触パターンも非接触パターンも何ら不自然ではありません。しかし事物の場合、リモコンとかゼンマイといった仕掛けでもついていない限り、自ら動き出すことはありません。したがって、事物条件の非接触パターンはまずありえません。そのため、乳児もこの映像を前にして、「あれ？変だな。何が起こってるんだ」と思ったのでしょう。

2　身体に基づくコミュニケーション

ここまで、乳児が対象の動きを鋭敏に知覚し、その動きに意図や感情を付してとらえようとすることをみてきました。この知覚を土台として、乳児は他者とのコミュニケーションを展開していきます。次に身体をベースとした乳児のコミュニケーションをみていきます。

表情模倣――コミュニケーションの基礎として

生まれたばかりの乳児は、目の前にいる他者の表情にあわせて自分の表情を変化させます。乳児が他者の表情を模倣することは以前から知られていましたが、これを誕生わずか数時間という乳児について確かめたのが、アメリカの発達心理学者であるメルツォフ（A. N. Meltzoff）たちの研究です。[※12]

この研究では、生後1時間から3日までの乳児を対象として、次のような実験を行いました。

まず、乳児の身体を椅子にしっかりと固定し、モデルとなる大人がその正面に立って、舌を突き出すとか、口を大きく開け閉めするとか、唇をすぼめるといった表情をしてみせます。実験の際には、乳児の注意をモデルにひきつけるため部屋を暗くし、モデルにスポットをあてるといった工夫もします。モデルが20秒間、これらの表情をしてみせたあと、乳児の表情を分析したところ、乳児は舌を突き出す表情に対しては舌を突き出し、口を大きく開閉する表情に対しては口を大きく開閉させるというように、大人と同じ表情をしてみせたのです（ただし、この実験については結果が再現できないとする指摘もあります）。乳児は日常的に口をモゾモゾと動かしているので、わかりにくいかもしれませんが、乳児の目の前で前述のような表情をすると、大人の顔を懸命に見つめながら、口を動かします。興味のある方は、ぜひ試してみてください。

メルツォフの研究で対象となった乳児は、生後わずか数時間から数日の生まれたての赤ちゃんばかりでした。これほど幼い乳児が意図的に他者の表情を模倣したとは、まず考えられません。他者の顔を見て目を合わせ、その表情に注意を向けることはコミュニケーションの基礎にあります。この基礎的部分が誕生直後にみられることは、他者とコミュニケーションをとろうとする志向性がヒトに生まれながらに備わっていることを示唆しています。

音楽的コミュニケーション——リズミカルなやりとり

実際、乳児は他者とのコミュニケーションを強く求めますが、そのコミュニケーションは言語によるものではありません。もっと原初的に、相手の発話の流れや身体の動きを感じて、それにあわせて自然に身体が動き出してしまうといった、身体をベースとしたコミュニケーションです。ゆったりとした音楽を聴くと身体が左右に緩やかに揺れ、激しい音楽を聴くとビートを刻むように身体が躍動するというように、乳児は養育者の発話の音調にあわせて身体を動かします。

ある研究では、養育者の発話と、生まれてまだ12時間から2日の乳児に身体動作の同期がみられることが報告されています。[※13]養育者の「come over……」という発話のひとつひとつの音のリズムにあわせて、乳児が頭や肩、手指、足を動かすというのです。研究を行ったアメリカの発達心理学者であるコンドンとサンダーはこの現象をエントレインメント（引き込み現象）と呼びました。

養育者の身体から発せられる動きや表情に引き込まれるようにして、乳児の身体が自然にリズムを刻み始めるというわけです。乳児と養育者の間で展開されるこうしたリズミカルなやりとりは、ダンスのようとも、音楽のようともいわれ、1970年代以降の乳児研究では、言語や社会情緒的発達におけるその重要性が論じられてきました。

イギリスの発達心理学者であるトレヴァーセン（C. Trevarthen）らは、これらの研究を受け、Communicative Musicality（「絆の音楽性」）理論を提唱しました。[※14]ヒトは「他者と共感しつつ、自らの感情や意志を動きで表現しながらコミュニケーションする積極性」を生得的に備えており、相手の意図や感情を意識せずとも直接的にわかる関係（間主観的関係といいます）のなかで、音楽的コミュニケーションをつくり上げる存在だというのです。

乳児と養育者（母親）が情感豊かで、起承転結のある物語性をもったやりとりを展開していることは、「こちょこちょー」と養育者が乳児の身体をくすぐる場面[※15]や、「あーん、パクッ」「モグモグ」といった声をかけながら養育者が乳児に離乳食を与える場面でもみられます。乳児が身近にいる（いた）方であれば、情景が目に浮かぶことと思います。[※16]

ここで重要なポイントは、乳児もまた、養育者の「こちょこちょー」という発話にあわせて表情を変え身体を揺らし、「モグモグ」というテンポよいリズムにあわせて、頭や口を動かすことにあります。音楽的コミュニケーションは養育者からの一方的な働きかけによってではなく、乳児の積極的な参加によってともにつくられるのです。

スティルフェイス——静止顔への反応

乳児は養育者との間で日常的に見つめ合い、笑い合い、リズミカルな動きの応酬によるコミュニケーションをとっているからか、養育者からこうした反応が得られないと、ひどくあわてます。

1～4ヶ月齢の乳児とその養育者（母親）を対象とした、スティルフェイス（still-face：静止顔）を使った研究[※17]を紹介しましょう。この研究では、まず、養育者と乳児にいつも通りのやりとりをしてもらい、その後、突然、養育者に表情を変えず（静止顔）、乳児に反応しないようにしてもらいました。図7は、100日齢の乳児が、母親の静止顔を前にしたときの反応のイメージです。実際に乳児のとまどい、驚き、混乱ぶりがう

図7　静止顔(still-face)条件における100日齢の乳児の反応イメージ(Tronick et al., 1978をもとに作成)

乳児は母親の静止顔にネガティブな反応を示す。

かがえました。

この図のように、突然養育者が無反応になると、2ヶ月を過ぎた乳児は養育者から目をそらしたり、椅子にのけぞったり、笑顔でなくなったりします。養育者の注意を何とかひこうと手を伸ばしたり、声を出したりもします。「お母さん、いつもみたいに反応してよ！」とでもいいたげな、コミュニケーションを求める強い欲求がみてとれます。

ヒトは発達のごく初期から、身体をベースとして他者と情感あふれるコミュニケーションを求め、他者とともにそれをつくり上げることのできる存在なのです。

3　身体が動くと世界が変わる

身体的応答性はコミュニケーションの土台となりますが、運動発達によって自分の身体を自由に操れるようになると、乳児のコミュニケーションはより躍動性を増していきます。

発達カスケード——移動することで言語や知覚が発達する

図8は、乳児が二足歩行を獲得するまでの姿勢と移動運動（locomotion）の発達をまとめたものです。運動発達は個人差が大きいので、図に示された月齢はあくまでも目安と考えていただきたいのですが、4ヶ月頃になると支えられれば座位が保てるようになり、9ヶ月頃にはハイハイやつかまり立ち、つたい歩きが始まります。そして1歳を過ぎる頃、ひとりで立ち、歩くこと、つまりヒトの特徴である二足歩行が始まります。

ハイハイ以前の乳児は、誰かに運んでもらわなければ、どこにも行くことができません。しかし、自分の力で移動できるようになると、乳児の世界は大きく変わります。

近年、ハイハイからつたい歩き、歩行へという移動運動の発達が知覚や言語、他者と

図8　姿勢・移動運動の発達過程（誕生から二足歩行の獲得まで）
（白佐俊憲編『保育・教育のための心理学図説資料』196ページをもとに作成）

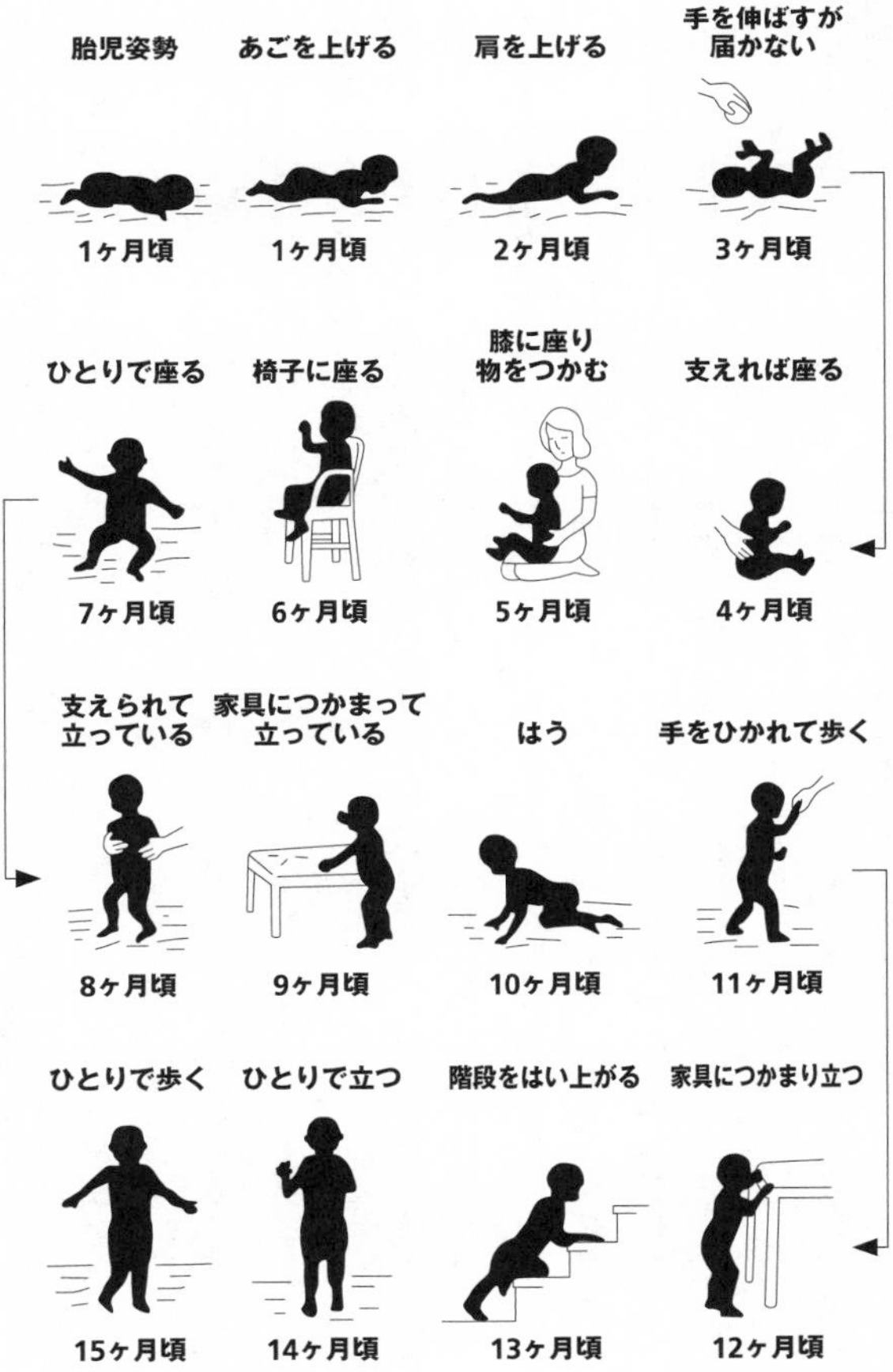

のかかわりといった他領域の発達を牽引していく役割を担っている可能性について検討が進んでいます。この現象は発達カスケードと呼ばれています。カスケードとは小さな滝がいくつも連なって流れるさまを指しますが、転じて、ひとつの出来事がほかの出来事へと数珠つなぎのように連鎖していく現象を表します。移動運動領域の発達がひとつのカギとなって、さまざまな領域にうねるように発達が伝播していくというのです。

視界の広がり——歩き始めると起きること

歩き始めたばかりの乳児の足取りはおぼつかず、見ていてハラハラします。実際、歩行を獲得した直後の乳児は、まだ歩行を獲得していない、ハイハイ経験の長い乳児より転倒しやすく、その頻度はおよそ2倍であったと報告されています（1時間あたりハイハイ児は17・4回、歩行児は31・5回）[※18]。これほど頻繁に転んでも、乳児はなぜ二本の足で歩こうとするのでしょうか。歩行を始めると、乳児はより長い時間を移動に費やすようになり、より長い距離を、より速く移動できるようになります。頻繁に転んだとしても、それを埋め合わせるだけの十分なメリットがあるのです。

ハイハイと歩行では、運動特性としていくつかの違いがあります。歩行の場合、高い視線を保ったまま移動でき、手が自由になる点がハイハイとは異なります。これらの違いが乳児と他者とのコミュニケーションのあり方を変えていきます。

視線が高くなると、乳児は周囲を見渡せるようになります。乳児の頭の部分にカメラを装着し、ハイハイしている・歩いている乳児からどのように周囲が見えるかを示した研究があります。※19 ハイハイの場合、自分の手の先しか見えませんが、歩行の場合には前方にいる大人、その奥の棚にある玩具など、実に多くのものが視界内に入ることになります。

乳児は玩具や生活用品といった事物を頻繁に手にとり、いじって遊びます。家庭だとテレビのリモコンや家族のスマホなど、触ってほしくないものに手を伸ばすので、周囲の大人は気をもむものです。移動中の視界が広がるためか、歩き始めた乳児は事物を手に取る際、ハイハイしていた頃とは異なる仕方で対象に近づくようになります。

ハイハイ児は事物に向かって直線的に移動していくものの、歩行児は蛇行しながら近づきます。※20 ハイハイしている乳児は目標とする事物に照準をあわせると、それに向かってまっすぐ脇目も振らずに前進しますが、歩行している乳児はブラブラと歩き回るついでに事物を手にとるよう、移動するのです。ハイハイ児をハンターとすれば、歩行児は回遊魚のような軌跡をたどるといえます。

前述の通り、歩き始めると視線が高くなり、面白そうなおもちゃ、生活用品、周囲の他者など多くのものが視界に飛び込んでくるので、乳児の注意を引く対象は刻々と変化するのでしょう。歩き始めた乳児はそれらに次々と注意を振り向けていくため、移動の軌跡が回遊的になるのだと考えられます。乳児にとって、ハイハイは事物を手に入れるという明確な目標を達成するための手段ですが、歩行はより探索的で、ちょうど大人の散歩のように、緩やかな目標はあるものの移動自体を楽しむものであるのかもしれません。

手の解放――意思や感情をより伝わりやすく

歩き始めるともうひとつ、大きく変わることがあります。それは、移動しながら手を自由に使えるようになることです。ハイハイしている時の手は身体を移動させる役割を、つたい歩きの時の手は姿勢を保つ役割を担っています。そのため、乳児はハイハイやつたい歩きの途中で、養育者に向けて腕を大きく広げたり、手を振ったりすることはできません。

私たちは他者に感情を伝えるときに手を使います。慰めたい、励ましたいときには、相手の身体にそっと手を置き、背中をさすったりします。怒りを感じたときには、手で強く押すかもしれません。手は他者に意思や感情を伝え、人間関係をつくることに寄与します。歩行の獲得は、こうした役割をもつ手をより自由に使えるようにすることで、乳児と他者とのコミュニケーションを変えていきます。

乳児による他者への身体接触（タッチ）は歩行が始まるとより頻繁になるだけでなく、質的変化が生じます。ハイハイしていたときの身体接触は、「たまたま手が仲間の背中にあたった」といった偶発的なものが多いのですが、歩き始めると「相手の注意を引くために肩をたたいた」といった意図的なものが多くなるのです。[※21]歩行による手の解放は、手をコミュニケーションの手段として使うことを促進し、乳児の意思や感情をより伝わりやすくするのです。

手が解放されると、乳児は事物をより頻繁に運ぶようにもなります。歩きながら（図9A）、つたい歩きをしながら（図9B）、養育者に支えてもらって歩きながら、そしてハイハイしながら（図9C）事物を運ぶ乳児の様子を描いたものです。

驚くことに、ハイハイしながらでも乳児は引きずったり（図9C）、口にくわえたり（図9D）、脇に挟んだりしながら、事物を運びますが、ハイハイしていたときには9・5分ごとに1回であった運搬頻度は、歩き始めると1・4分ごとに1回と、かなりの高頻度になります。[※22]それだけでなく、歩き始めた乳児は他者のもとに運んだ事物を介して、以前とは質的に異なるコミュニケーションを展開するようになります。

図9　事物を運搬するときの乳児の様子
（Karasik et al.,2012をもとに作成）

二項関係から三項関係へ――「奇跡の9ヶ月」と呼ばれるわけ

乳児の事物運搬は、無目的にみえる場合が多いものです。たとえば、事物を運び、その場で落とし、またそれで遊ぶといった具合です。この場合、遊ぶ場所が変わっただけで、運搬にどのような意味があったのかは明確でありません。しかし、他者のもとに事物を運び、それを見せたり渡したりと、運搬先でコミュニケーションが展開していく場合もあります。

筆者は保育園の0歳児クラスの自由遊び場面を縦断的に観察し、乳児が事物を手にとったときに、他者とどのようなやりとりを展開したかを分析しました。[※23] 4月時点では多くの乳児がハイハイしているかハイハイする前の状態にありますが（誕生月が早いと、すでにつたい歩きをしている子もいます）、年度最後の3月には、たいていの乳児が歩き始めています。そのため、4月から3月までを追っていくと、ハイハイからつたい歩き、歩行へという移動運動の発達にともない、事物を介したコミュニケーションがどのように変わっていくかがわかります。

他者とはやりとりせず、ただ事物をいじったり事物を手にもったまま他者を見たりといった、発達心理学では二項関係と呼ばれる事物とのかかわりはハイハイしている時期に多くみられました。二項関係とは自己（乳児）と他者（たとえば養育者）、あるいは自己と事物との間の関係です。乳児が養育者と見つめ合い笑い合うことや（自己と他者）、ガラガラを振ったりなめたりすること（自己と事物）は、どちらも二項関係に基づきます。

二項関係的な事物とのかかわり、つまり他者を巻き込むことなく、黙々とガラガラを振って音を鳴らしたり、舐めてその感触を確かめるようなことは、歩行開始とともに減っていきました。その代わりに増えていったのが、三項関係に基づく事物とのかかわりです。三項関係とは自己（乳児）と他者、そして事物の三者を結ぶ関係で、乳児（自己）がガラガラ（事物）を養育者（他者）に見せたり渡したりといったことが、これにあたります。

三項関係の成立時期は9ヶ月頃といわれており、そのためこの時期は「奇跡の9ヶ月」と呼ばれます。[※24]なぜ「奇跡」かというと、三項関係の成立は乳児に知識を得るための強力な手段を与えるからです。二項関係では、乳児は自分で直接対象に働きかけなければ、その対象の性質を知ることができません。ガラガラを手に取り振ってみなければ、それが楽しい玩具であることはわからないのです。

しかし三項関係が成立すると、自分で振ってみなくても舐めてみなくても、養育者がガラガラに向けた笑顔を見れば、それが楽しいものであるとわかるようになります。なぜなら、ガラガラと自己、そして他者が結びつけられ、他者の情報（この場合、笑顔であること）を利用して事物の性質（この場合、楽しい玩具であろうこと）を想像できるようになるからです。

乳児が歩き始めると、次に述べるような、事物を介した他者とのかかわりが増えていきました。事物を他者に渡すこと、事物を他者から受け取ること、自分が事物をいじっている様子を見ているよう他者に要求することです。たとえば、パズルのピースをパズル台にはめながら、保育者が確かに自分を見ていることを確認し、首尾よくはめられると自分で手をたたき、さらに保育者にも手をたたくことを要求するようになるのです。

ハイハイしている乳児より歩行を始めた乳児に、より高度な事物・他者とのかかわり

パズルをはめながら保育者が自分を見ていることを確認する。

がみられるという結果は、ある意味当然だと思われる方もいるでしょう。乳児はハイハイからつたい歩きの時期を経て歩き始めるのですから、歩き始めた乳児の方がハイハイしている乳児よりも月齢が進んでいるからです。全体的な発達レベルが事物とのかかわりに反映されただけ、そう考えることもできるかもしれません。しかし次の分析結果は、この可能性を支持しません。

移動運動の発達は個人差が大きく、1歳前に歩き始める子どももいれば、1歳半を過ぎてから歩き始める子どももいます。そこで、移動運動の発達程度に関係なく、事物をめぐる乳児のやりとりを10ヶ月時点と13ヶ月時点で比較しました。歩行している子どもは13ヶ月時点の方が10ヶ月時点より多くなりますが、単純に月齢だけで集計すると、10ヶ月時点でも13ヶ月時点でも、ハイハイ・つたい歩き・歩行している子どもが混在することになり、移動運動の効果は弱まります。そのため、もし移動運動の時期による比較では差が認められても、月齢による比較では差が認められなければ、全体的な発達レベルより移動運動の効果が大きいということができます。結果はその通りになりました。10ヶ月時点では二項関係に基づくかかわりが多く、13ヶ月時点になると三項関係に基づくかかわりが多くなるということではありませんでした。

以上の結果は、事物を介した他者とのコミュニケーションの変化が全体的な発達によってではなく、ハイハイから歩行へという移動運動の発達によって引き起こされることを示唆します。歩行の獲得が発達カスケードの起点となり、その変化が環境内の探索方法や他者とのコミュニケーションなどに波及していき、新しい変化をつくり出していくのです。

まとめ

乳児研究では、近年、本章でも紹介した実験法（馴化法など）が確立され、さらに脳神経科学（脳科学）の手法も用いられるようになり、乳児の有能さが次々と明らかになっています。胎児期の記憶があるとか、母語だけでなくあらゆる言語に含まれる音素を聞き分けられるとか、有能さを示す研究結果は数多くあります。

本章で紹介したことは、乳児が誕生直後から他者の身体に関心を向け、他者と身体的にかかわろうとすること、そして移動運動の発達とともに、より躍動的なコミュニケーションを他者と創造する存在であることです。身体をベースとして他者とのコミュニケーションを求めることは、乳児期だけでなくその後についても、学習を進める強力な土台となります。なぜなら、私たちは他者を通してこそよく学ぶのですから。

第2章

記憶と学習

人間は生まれる前から記憶が働いており、多くのことを学習することができます。1歳を過ぎる頃に爆発的に語彙を覚える時期を迎えることからも、乳児も大人と同じくらいに(もしかしたらそれ以上に)記憶し、学習する能力が優れているのではないかと考えたくなります。

本章でも示すように、以前考えられていたよりも、乳幼児には優れた記憶と学習の能力があることがさまざまな研究で明らかにされてきました。しかし彼らならではの特徴もあり、発達により変化する部分も多くあります。本章では、乳幼児期の記憶や学習の特徴と、それらが他者とのかかわりを通して発達する過程をみていきましょう。

1　乳児の記憶

子宮内で記憶は働き始めている

身の回りの世界についての学習や理解に不可欠なもの。そのひとつが記憶です。記憶によって私たちは自身の経験を蓄積し、学習することができます。一般に、人は3歳以前の個人的エピソードを思い出すことができないので、生後しばらくは記憶が働いていないと考えがちです。しかしながら、すでに子宮内で記憶は働き始めているのです。このことは音の記憶において確認されています。

聴覚は胎児期の早い段階から発達し、妊娠20週を過ぎる頃には大人とほぼ同等の聴力をもつようになります。アメリカの発達心理学者デキャスパー（A. J. DeCasper）らの研究では、妊娠33週頃の胎児が母親の読み上げる韻律を記憶できることを心拍数を用いた実験で確かめています。[※1]それどころか、彼らによる別の研究では、子宮内で聴いていた韻律を記憶し、生後まで覚えていることが示されています。[※2]

その研究では、母親に妊娠期の最後の6週間、決まった韻律（物語文の一部）を毎日読み上げてもらいました。[※2]そして子どもが生まれるとすぐに、これと同じ韻律と異なる韻律を読み上げる2種類の音声テープを乳児に聴かせて、反応に違いがあるかを調べる実験を行いました。

乳児には口に含んだものを反射的に吸う性質があります。この性質を利用し、乳児におしゃぶりを口に含ませ、吸う速度（吸啜《きゅうてつ》速度）を測定することで反応を調べました。実験前に、個々の乳児の吸啜速度の平均を測定しておきベースラインとします。そしていよいよ実験本番となるわけですが、乳児の吸啜速度がベースラインを上回るか下回る場合（どちらの場合になるかは乳児によってランダムに振り分けました）には子宮内で聴いたなじみのある韻律を流し、ベースラインに近づくと聴いたことのない韻律を流しました。

すると乳児は、なじみのある韻律を聴き続けられるようにベースラインを上回るか下回る速さでおしゃぶりを吸い続ける行動を示したというのです。なじみのある韻律を聴くことが乳児にとってのご褒美のようなものになっていたというわけです。このことから、乳児はなじみのある韻律と初めて聴く韻律を区別していること、つまりそれを記憶し、生後まで覚えていることがわかります。

生後まもない乳児でも図形を記憶できる

子宮内での音声の記憶は生後の言語習得に密接に関与しそうです。だから特別、記憶が働きやすいのではないかと考えたくなります。しかし、生後まもなくの乳児でも、ごくありふれた視覚情報を記憶できることがわかっています。

ある研究[※3]では、三種の色（赤、黄、青）、三種の形（円、三角、十字）を組み合わせて9種類の図形（赤い三角形や青い十字など）を作成しました。24名の生後3週児と7週児に対して、そのうちのひとつだけを選んで（たとえば赤い三角形。乳児によって選んだ図形は異なります）、2週間にわたって毎日2回15分ずつ示しました。

そしてその24時間後の実験では、毎日見せてきたのと同じ図形（この場合、赤い三角形）のほか、それとは色だけ異なる図形（たとえば青い三角形）、形だけ異なる図形（たとえば赤い円）、色と形の両者が異なる図形（たとえば黄色い十字）を示し、それぞれに対する注視時間を調べました。

一般に乳児は見慣れたものよりも目新しいものをよく見る性質があります。もし乳児が以前見た図形の色や形を記憶できるのであれば、2週間毎日見てきた図形を見慣れたものと認識する一方、それとは色や形の異なる図形は目新しいと認識し、後者の方をより長く見るはずです。

実験の結果、乳児はすでに見たことのある図形よりも、色か形の少なくとも一方が異なる図形（両者が異なる図形も含む）をより長く見ることがわかりました。これは、すでに見たことのある図形の色や形についての記憶ができることを示します。より複雑な幾何学的パターンを用いて5〜6ヶ月児に対して行われたある実験[※4]では、パターンを20秒間見ただけで、2日間にわたって記憶を維持できることも示されています。

出来事の記憶——生後6ヶ月時の経験

乳児は出来事についても記憶できるようです。ある研究[※5]では、乳児が生後6ヶ月時にたった一度だけ経験した出来事を、その2年後まで記憶できることが示されています。何人かの乳児に生後6ヶ月のときに実験室にきてもらい、「ガラガラと音を立てるビッグバードに手を伸ばす」といった出来事を経験してもらいます。この子どもたちのグループを実験群とし、2年後に再び同じ実験室にきてもらい、2年前とまったく同じ状況のなかでどう行動するか観察します。その際に、初めて実験室を訪れる子どものグループを比較群として設定し、ふたつのグループの比較をします。

その結果、実験群の子どもたちは、比較群の子どもたちより頻繁に、これから起ることを知っているかのような行動を示したのです。たとえば、「音のする方向に手を伸ばす」といった行動が頻繁に見られました。この結果は、実験群の子どもたちに乳児のときの記憶が保持されていることを示します。つまり生後6ヶ月のときに体験した出来事は、2年経過したあとも記憶にとどまっているということです。

このように、記憶は胎児期や乳児期から働いています。しかしそれは「懐かしい」とか「確かにこうだった」といった感覚をともなう、自分自身が体験した思い出として意識に残るような記憶ではないことに注意が必要です（3節参照）。時折マスメディアをさわがせる「胎内記憶」の存在は科学的には証明されていないのです。

2　学習の基盤としての他者

ナチュラル・ペダゴジー

発達早期の子どもの学習を支えるのは記憶をはじめとする認知能力だけではありません。養育者をはじめとする他者の振る舞いも大きな手がかりとなります。第1章で見てきたように、乳児は他者を引きつける特徴をもって生まれ、ヒトへの特別な関心をもち、積極的にコミュニケーションをしようとする志向性をもちます。これらによって大人もまた、乳児とかかわりたい思いを強くし、子どもに対する特別なかかわり方につながります。

小さい子どもに何かを伝えたいとき、無意識のうちに、その子と目を合わせたり、声高で抑揚をつけた調子で話しかけたり（対乳児発話あるいはマザリーズと呼ばれます）することが多いのではないでしょうか。これらは子どもが大人からなにがしかを学ぶ契機となる、ある種のシグナルとなりえます。

ハンガリーの発達心理学者チブラ（G. Csibra）とガーグリー（G. Gergely）が近年提

唱し、注目を集めるナチュラル・ペダゴジー理論では、こうしたシグナルを「社会的手がかり」（専門的には「明示シグナル」と称されます）と呼び、大人から子どもへと知識を素早く効率的に伝達可能にする、ヒトに特徴的なコミュニケーションシステムが発生する基盤として重視しています。[※6] このシステムのことを指して「ナチュラル・ペダゴジー」というのです。

乳幼児の学習を促す「社会的手がかり」

日本の発達心理学者である奥村優子によると、社会的手がかりは、情報の送り手が乳児に対して、自分が情報を伝えようとしているというコミュニケーション意図を明確化するサインとなります。[※7] 乳児はこうした社会的手がかりに高い感受性をもち、素早く発信者の行動に注意を向けます。たとえば、生後数日の新生児は、自分の方に視線を向けている顔を、そうでない顔よりも長く注視すること、1ヶ月児はマザリーズを大人向け発話よりも好んで聴取することが示されています。

さらに、この社会的手がかりへの注目は、乳児の事物への注意や学習を促進したり、学習内容を方向付けることも示されています。一例として、9ヶ月の乳児を対象とした奥村の研究[※8]を紹介しましょう。

図10　乳児に示した4種類の動画(奥村, 2022をもとに作成)

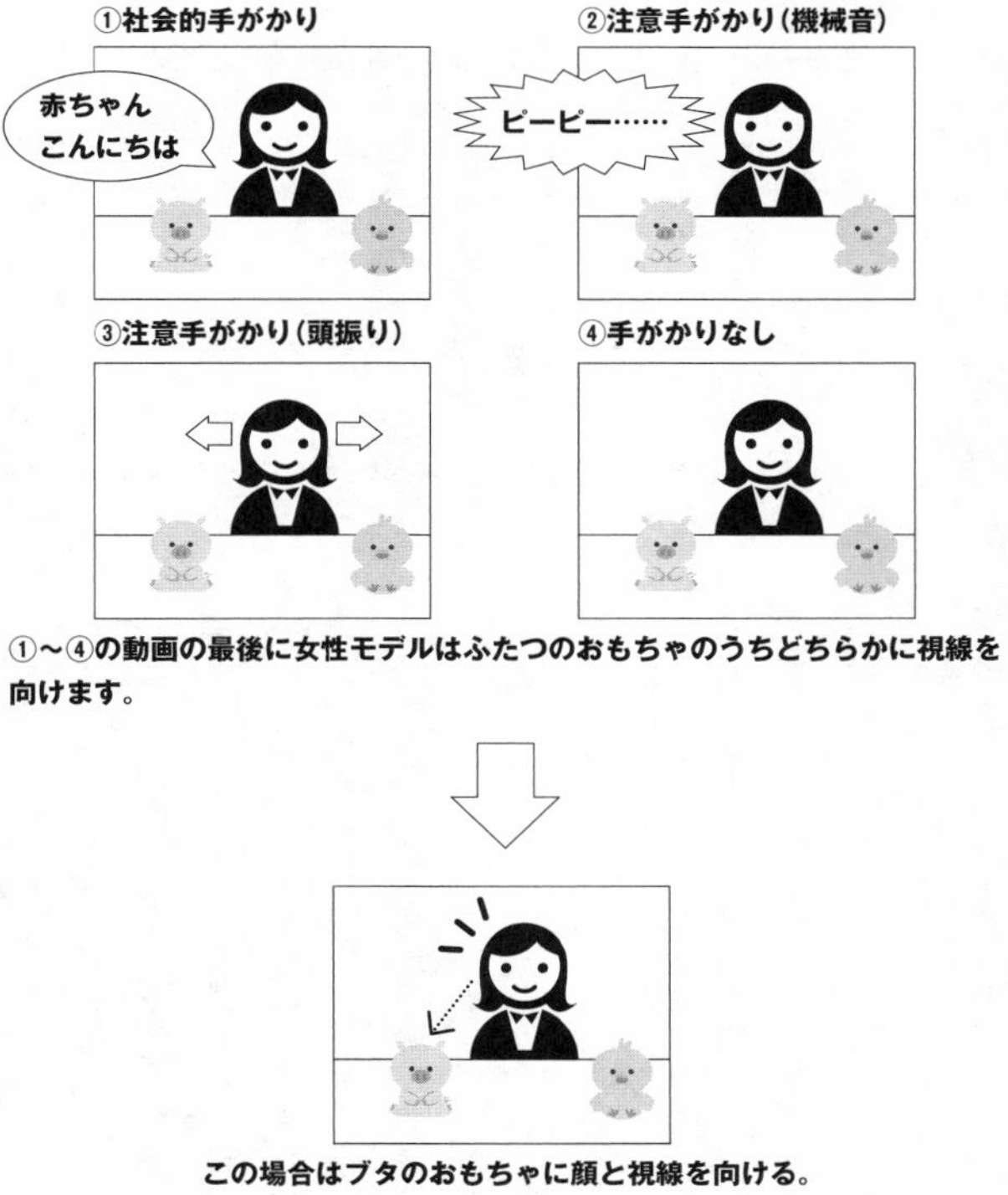
①社会的手がかり
赤ちゃん
こんにちは
②注意手がかり(機械音)
ピーピー……
③注意手がかり(頭振り)
④手がかりなし
①〜④の動画の最後に女性モデルはふたつのおもちゃのうちどちらかに視線を向けます。
この場合はブタのおもちゃに顔と視線を向ける。

図11　女性モデルが視線を向けたおもちゃに目を向けるか
（奥村,2022をもとに作成）

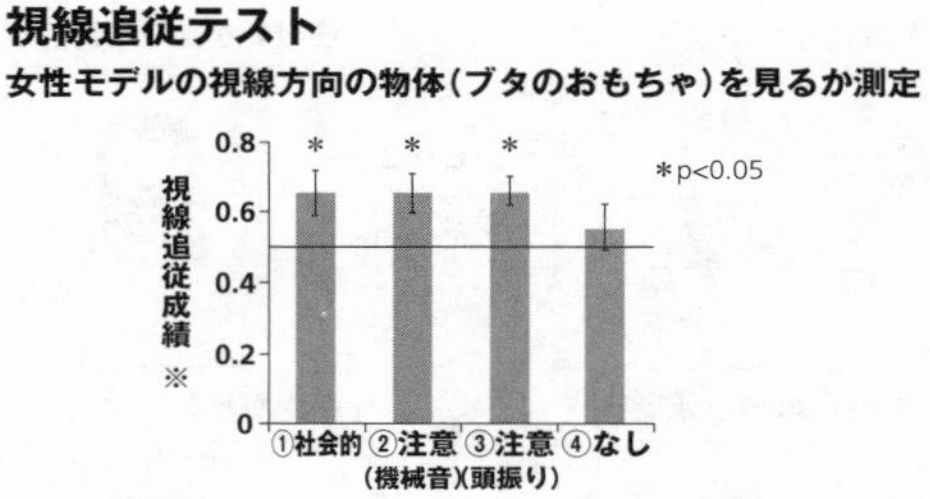

※ターゲットおもちゃの方を注視した時間割合（0.5より有意に多いかどうかを分析）

乳児を4グループに分けて、ある女性が登場する異なる4種の動画を見せます（図10）。どの動画でも登場する女性モデルは同一人物であり、女性の前にはブタとヒヨコの2種類の異なるおもちゃが置いてあります。ただし動画それぞれにおいて、①社会的手がかり（女性モデルがマザリーズで「赤ちゃんこんにちは」と発声する）を示すか、単なる注意手がかり（②機械音の再生や③女性の頭振り）を示すか、あるいは、④何の手がかりも示さないかという相違点がありました。動画の最後で、女性モデルはふたつのおもちゃのうちどちらか一方に視線を向けます（この場合はブタのおもちゃ）。

さて、乳児はその後、どちらのおもちゃ

図12　女性モデルが視線を向けたおもちゃに対する学習
（奥村,2022をもとに作成）

物体学習テスト

（1）物体認識テスト
注視時間に基づき物体の記憶認識を評価

（2）物体選択テスト
選択行動に基づき物体選好を評価

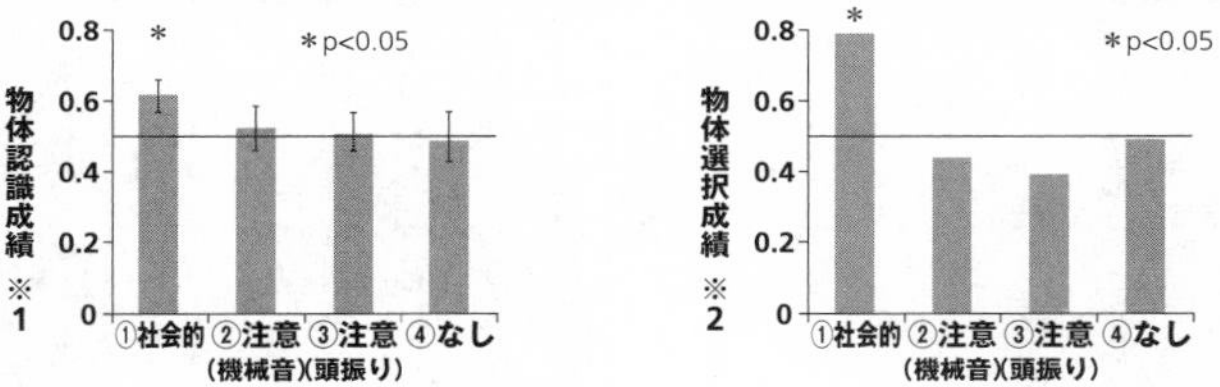

※１物体認識テストはターゲットでないおもちゃの方を注視した時間割合
※２物体選択テストはターゲットおもちゃを選択した子どもの割合
※いずれも0.5より有意に多いかどうかを分析

に注目するでしょうか。図11に示した視線追従テストでは、社会的手がかりや注意手がかりのともなった動画（①〜③）を見た乳児は、女性モデルの視線の先にあるおもちゃ（以下、ターゲットおもちゃ）の方をよく見ることがわかりました。何の手がかりもない動画（④）を見た乳児にはそのような傾向がみられませんでした。つまり、何らかの手がかりによって動画中の女性モデルに乳児の注意を引きつけさえすれば、乳児はモデルの視線を利用し、その先にあるターゲットおもちゃに注目するということです。

　しかし興味深いことに、物体学習テスト（図12）において、手がかりが社会的なものか否かにより、おもちゃに対する学習には違いがみられたのです。おもちゃに対する学習は、動画視聴後、おもちゃに対する記憶や認識ができているかを(1)注視時間（物体認識テスト）および(2)選択行動（物体に選択テスト：どちらのおもちゃに手を伸ばすか）を指標として調べました。その結果、社会的手がかりを示された（①の条件）乳児のみにおいて、ターゲットおもちゃよりも別のおもちゃに対する注視時間がより長いことが示されました（物体認識テスト）。

乳児の記憶実験のところでも示したように、一般に乳児は見慣れたものよりも目新しいものをよく見る性質があります。本実験の乳児はターゲットおもちゃを記憶していたため、それを見慣れたものと認識し、非ターゲットおもちゃは目新しいと認識したことから長く見たと解釈されます。また選択行動としては、ターゲットおもちゃに手を伸ばす子どもが多いことが示されました（物体選択テスト）。これらの結果は、社会的手がかりがあると、モデルの視線の先にある物体についての記憶や認識が促進されることを示唆します。

子どもとのやりとりのなかで、大人が思わず子どもに向ける社会的手がかり。この社会的手がかりは、子どもの注意を引きつけるだけでなく、幼い学習者が他者を利用して効率的に知識を獲得することを可能にする重要な仕組みのひとつであるようです。

選択的信頼――信頼できる相手か幼児も判断している

他者は実体験では知り得ない事柄を学習する際にも大きな助けとなります。私たちが学習することは、実体験できることばかりではありません。他者が伝える情報からしか知り得ない事柄も数多くあります。むしろそちらの方が多いかもしれません。

たとえば物の名称の学習。いくら事物とかかわる体験を積み重ねてもその名称は他者から教わらないとわかりません。地球が丸いといった科学的概念、神などの宗教的概念もそうでしょう。他者が伝える情報をもとに学習する際、その相手が情報源として信頼できるかを自ら判断することはとても重要です。相手は常に正確な情報を伝えるとは限らないからです。間違えることもあるし、嘘をつくこともあります。

近年の認知発達研究では、幼児でも、情報源としての他者の信頼性をいくつかの点で判断し、信頼できる他者を選択できることが示されています。これを選択的信頼(selective trust)といい、ここ十数年の間に海外で非常に多くの研究がなされ、注目を浴びる研究分野のひとつとなっています。

アメリカの発達心理学者であるハリス(P. L. Harris)らの研究グループがこの分野のパイオニア的存在であり、選択的信頼研究が盛んになる契機をつくりました(たとえば※9の研究)。

本書の著者である外山紀子は、これまでの研究知見を独自の視点から整理することで、3〜5歳の幼児の発達の特徴を描写しています。[※10]

具体的には、情報源としての他者の信頼性判断の際に使われる属性を認識論的属性（情報の正確さ、情報に対する確信度、専門性）と非認識論的属性（年齢、なじみの程度、話し言葉の特徴、身体的魅力、社会的属性）に分け、この視点から研究整理を行いました。

それによると概ね3、4歳になると認識論的属性に基づいて、情報提供者である他者に対する信頼性を合理的に判断できるようです。ここでは幼児が情報提供者の示す情報の正確さを基準にして語彙学習を行うことを示した先駆的研究[※9]を紹介しましょう。その方法は、この分野での標準的な手続きとして多くの研究で使用されています。

「子どもは騙されやすく、信じやすい」は本当か

この研究[※9]では、3、4歳の幼児を対象に、まずは彼らにとってなじみのある3つの事物（ボール、コップ、本）をひとつずつ示しました。その際に、AさんとBさんのふたりの情報提供者（実際には人形）がこれらの事物に対して、それぞれ異なる名称を述べる様子を幼児に観察させました。

たとえばボールについて、Aさんは「それはボールです」と正確な名称を述べ、Bさんは「それは靴です」と誤った名称を述べます。このふたりは、残りふたつの事物についても一貫して正確な名称、誤った名称をそれぞれが述べ、その様子を幼児は観察します。なお、ほとんどの幼児は正確な名称を述べる人物はAさんで、不正確な名称を述べる人物はBさんと正しく特定できることが確認されています。

続いて幼児に対して、今までに見たことのない、したがって名称を知らない新奇な事物3種（カラフルな竹で編まれた事物など）をひとつずつ示します。その度に、以前登場したAさんもBさんも、それぞれ「それはtomaです」、「それはmidoです」などと、名称としては存在しない無意味な音声を示します。

さて、幼児はどちらの示した無意味な音声を、新奇な事物の名称として学習するでしょうか。幼児に対して、「それはtoma、それともmidoと呼ばれているの？」などと、新奇な事物の名称を質問すると、大半の者がAさんの示した名称を選んで回答することがわかりました。このことは、多くの3、4歳児は、以前に正確な名称を示した人物を信頼し、その人から事物の名称を学ぼうとすると解釈されました。

一方、幼児は、本来、合理的判断にはつながらない非認識論的属性をも信頼性判断の手がかりにする傾向が大人より強く見られます。[※10] たとえば、3〜5歳の幼児は、事物の名称と機能について、なじみのないほかの園の先生より、なじみのある自園の先生の提供する情報を信頼する傾向が示されています[※11]。

それでは認識論的属性と非認識論的属性が葛藤する場合はどうでしょうか。たとえば、なじみのある自園の先生が不正確な情報を提供する場合と、なじみのない他園の先生が正確な情報を提供する場合とでは、3歳児だと前者を、5歳児だと後者を信頼する傾向が示されています[※11]。

外山の整理によると、なじみの程度も含め、年齢や話し言葉の特徴（母語と同じ特徴の言葉を話すかどうか）といった非認識論的属性が認識論的属性と葛藤する場合、後者に重きを置いた判断は概ね3〜5歳の間に発達するようです。一方、身体的魅力、社会的属性（行動の善悪など）といった非認識論的属性の場合は、それと葛藤する認識論的属性に重きを置いた判断は5歳児でも難しいことが示されています。

選択的信頼研究の知見は、子どもは騙されやすく、信じやすいといった伝統的子ども観に異議を唱える契機となりました。幼児の学習において大人は大いに助けになることは確かですが、子どもは大人の教えや導きを一方向的に受ける受動的な存在ではないのです。前記で見てきたように発達途上の面はもちろんありますが、大人を評価し選択するという姿から、有用な情報を探し求める能動的な幼児の姿が浮かび上がってきます。

大人が何かを教え、子どもが学ぶという営みが成立するには、子どもとの信頼関係を築くことが大切でしょう。選択的信頼研究は、幼児との信頼関係を壊さないためにはどうすればよいか、子どもとつきあううえで基本的に大切なことを教えてくれます。

3　思い出という形での記憶の発達

前節でみたように記憶は胎児期からすでに作動しています。記憶を基盤として、さまざまな事物についての扱い方や振る舞い方を学習し、1歳を過ぎるとたくさんの言葉や概念を覚えていきます。そしてそれらの多くを私たちは大人になるまで記憶し続け、必要とあれば使うことができます。乳児期から作動する記憶のなかには、手続き的記憶や意味記憶があります。手続き的記憶とは、車を発進させる手続きや自転車の乗り方など、動作として覚えられた記憶で、言語化できるとは限りません。意味記憶は「馬は哺乳類である」とか「レストランでは席に着くと注文し、食べ終わると支払いをして店を出る」といった一般的知識としての記憶です。

一方、言葉や概念が急速に増え始めるのと同時期に経験した重要な出来事、たとえば1歳の誕生日はどのような様子だったのか、歩き始めたのはいつどの場所だったのか、そのとき、親はどのような様子だったかなどについて、私たちは思い出すことができません。これは記憶と一口にいっても、いくつかの種類があり、出現時期が異なることを意味します。

懐かしいとか、確かにあったといった感覚をともなう、思い出という形で残る記憶はエピソード記憶と呼ばれ、乳児期からすでにみられる手続き的記憶や意味記憶とは異なる種類であり、少し成長したあとに出現するものです。エピソード記憶は、「昨日、家族でイタリアンレストランに食事に行き、ピザを食べた」など「いつ、どこで」の情報を含んだ個人的な出来事に関する記憶です。

私たちはいつ頃から過去の思い出をもてるようになるのでしょうか。本節では、これらの問題について考えてみたいと思います。

幼児期健忘——人の最も古い思い出

私たち大人にとっての最も古い思い出は1歳代どころか、3、4歳頃のものであることが多いようです。たとえば、大学生に一番古い記憶を思い出してもらうと、3、4歳頃のことを挙げる者が大半を占めます。[※12] 裏を返せば、私たちはだいたい3、4歳以前に経験した出来事については、ほとんど覚えていないということです。オーストリアの精神科医であったフロイト（S. Freud）は、この現象を幼児期健忘（infantile amnesia）と呼び、幼児期の記憶の謎として古くから心理学者の関心を引くこととなりました。

大人の場合は、幼少期からすでに長い年月がたっています。そのため、幼少期の出来事に対する記憶がうすれたのではないか、そう考えたくなります。しかし、時間の経過だけで幼児期健忘の発生を説明することは難しいようです。大人だけでなく、幼児期にすでに幼児期健忘がみられる（３、４歳直後から３、４歳以前に経験した出来事が思い出せない状況が始まる）という報告[※13,14]、小学生における最も古い記憶の年齢もだいたい３、４歳頃であるという報告[※15]があるからです。

大人が報告する最古の思い出が３、４歳頃のものが多いことをふまえると、過去の出来事についての思い出をもてるようになるのはこの頃ではないかと考えたくなります。実際のところはどうなのでしょうか。まずはこの点についてみていきましょう。

エピソード記憶——カギを握るのは「スクリプト」の形成

過去の出来事についての記憶をエピソード記憶といいます。アメリカの発達心理学者フィヴァッシュ（R. Fivush）の研究グループは、３、４歳以前の時期でもエピソード記憶をもちうることを示しています[※16,17]。彼らは、２歳５ヶ月～２歳11ヶ月の子どもを対象に、テーマパークに行ったなど印象に残るような出来事について語ってもらうという方法で、過去の出来事についての記憶を調べています。[※16]「○○へ行ったときに何をしたの?」といった質問から始め、答えられない場合は、「そこで何を見たの」「そこで何に乗ったの?」などの質問により手がかりを与えて、答えやすいように導きました。

語った内容が3ヶ月以内の出来事であろうと3ヶ月以上前の出来事であろうと、正確に思い出した情報量に相違はなかったということです。多くの場合、実験者が質問して一言二言答え、また実験者が新たな質問をするという形で過去の出来事が語られましたが、いくつかの情報をまとまりのある物語の形で語ることもあったということです(思い出した情報の約30%程度)。

エピソード記憶の発達には、スクリプトの形成がカギを握るとされています。スクリプトとは、特定の状況において出来事がどのような時間的順序で起こるかについてのまとまりのある一般的な知識構造のことです。たとえば、私たちはレストランで食事をするときに起こる出来事の時間的系列を表す「レストランスクリプト」をもっています。子どもにとっては入浴スクリプトや家庭での食事スクリプトの方がなじみ深いものでしょう。2、3歳の幼児でも日頃経験する出来事について問うと(たとえば、「ファストフード店に行くときどんなことが起こるか教えて」)、スクリプトに沿った形で報告でき

るといいます。※18

こうしたスクリプトが形成されると、これを利用して特定の日時での経験（たとえば、誕生日の日にファストフード店に行ったときには、いつもは買ってもらえない特製のハンバーガーとシェイクを購入し、支払い後に特別に風船をもらったなど）をエピソード記憶として秩序立てて整理できると考えられています。一方、スクリプトの形成が十分でない時期は、ルーティーン（手順の決まり切った出来事）の想起に焦点をあてるため、普段とは違う出来事は忘却されたり、取り込まれたり（たとえば、特製のハンバーガーを食べても、「ハンバーガーを食べる」というスクリプトに取り込まれてしまう）して、記憶には残りにくいとの考えも提案されています。

自伝的記憶――自分が「体験した」と強く確信できる記憶

ところで、3、4歳以前の子どもたちのエピソード記憶は、「自分が実際に体験した」という認識をともなったものでしょうか。エピソード記憶のうち、自分自身が個人的に体験したという強い確信をともない、自己のライフストーリーにとって意味のある記憶のことを自伝的記憶といいます。

日本の発達心理学者である上原泉は、7人の子どもを対象に2歳になる前から4歳前

後まで、数ヶ月に一度の割合で母親と子どもにインタビューを行うという方法で調査をしました。[※19]

母子で実験室に来てもらうのですが、その際、毎回、言語と記憶に関するチェックリストを渡し、次回のインタビュー時に提出してもらいます。そのリストにはたとえば、「……した」「……あったんだよ」というような過去形を使って話すことがあるかどうか、自分から「……へ行ったよね」など過去の出来事について語ることがあるかどうか、実際には自分で体験していない出来事を語ることがあるかどうかを問う質問が含まれており、インタビュー時にはチェックリストと照らしあわせながら母親から具体的な話を聞くという手続きが取られました。そしてインタビュー時の母親の証言や観察された子どもの様子から、過去のエピソードを語り始めた時期を特定したのです。

この調査によると、確かに2、3歳頃から母親の言葉のオウム返しでなく、「……したんだよ」と過去形で自分が経験した出来事を報告し始めるといいます。しかし、この時期における過去の出来事の語りは、子どもひとりで相手に語り聞かせるように話すことは難しく、手がかりを与えられながら断片的に過去を語るという程度であり、突拍子もない間違った内容を話すことも多いといいます（図13）。また過去に自分が経験したという意識が明確ではなく、手がかりに関連した知識を語っているような印象を受ける

図13　間違いを含むエピソード報告の例(上原, 1998をもとに作成)

非現実的な話(想像の話)が混ざって実体験として語られるケース

・保育園の移動動物園に、リスの他に、兄くらいの大きいクマが来たと報告(実際には、小動物しか来なかった)。(KN、2歳10ヶ月)
・井の頭公園で「くじらがいた」と発言。(KO、3歳10ヶ月)
・豆まきの話で、おばけがでてきたと発言。(MH、3歳3ヶ月)
・赤ちゃんのとき、おっぱいから、脇にあった2つのシャベルを使って、穴を掘って出てきたと報告。(母親の証言:YA、3歳9ヶ月)

人から聞いたり、テレビや写真で見たことを自分の実体験として語るケース

・テレビで沖縄が放映されたとき、実際には行ったことがないが「行った」と発言。(母親の証言:SA、2歳11ヶ月半)
・実際には行っていない場所の写真をもってきて、「自分が行った」と報告。(MH、3歳1ヶ月:MH、3歳5ヶ月)
・「馬に乗った」と発言したので、「どこで？」と質問したら、直前まで会話の内容にでてきた、「キャンプ」と報告(実際には乗っていない)。(KO、4歳)

関係のない現実的な話が混ざっているケース(他の出来事との混同)

・ディズニーランドに、実際には行っていない友達が行ったと報告(実際は家族だけで行った)。(TI、2歳3ヶ月)
・林試の森での出来事を、根津神社でどんぐり拾いをした話と混同して報告。(KN、2歳7ヵ月)
・実際には別なことが原因で紛失したものについて「パパが怒ったから…捨てたからなくなっちゃった」と報告。(母親の証言:SA、2歳11ヶ月半)
・前のインタビュー時に何をしたかの話で、「船やった、お父さんくるまで」と意味不明な報告をした。(MH、3歳5ヶ月)
・以前にピーターパンの踊りを練習したことはあったが、実際には、見たことはないにもかかわらず、「テレビで見た」と発言。(AH、3歳2ヶ月)

※母親の証言と記されたものは、母親から具体的にうかがうことができた話。それ以外は著者が、インタビュー時に、聞いた発言。

といいます。

さらに、過去の個人的出来事を語り始める2、3歳頃の子どもに対して、少し前の過去を問う質問（「さっきこの絵を見ましたか？」「さっき見たのはどっちの絵か教えて」というような再認質問）をすると、うまく答えられないこと（無反応であったり、まったく関係のない答えをしたり、全部の絵に「見た」と答えたり、見たことのない絵の方ばかりを指さすなど）がほとんどであるといいます。

つまり、過去に経験した出来事について実際に自分が経験したかどうかについて意識的に思いをめぐらせることが難しいようなのです。こうしたことが可能になるのは、3、4歳以降になるようです。

フィヴァッシュらの研究結果をみると、3、4歳以前の子どもでも、過去の個人的出来事についての記憶はありそうに思われます。※16 17 しかし上原の報告※19をふまえると「自分が体験した」という認識を明確にともなうかどうかは定かではありません。

この頃は、自己体験的意識をともなって思い出せる場合もあるけれど、そうでない場合が非常に多いということなのかもしれません。そのように考えると、この時期の子どもの過去の出来事についての記憶の大半は、大人のエピソード記憶とはかなり異なるといえるでしょう。この時期の子どもの体験談を聞いて「嘘をついているのではないか」

「大人を騙そうとしているのではないか」と心配になってしまうこともあるかもしれません。しかしそうではなく、実際に体験したこととそうでないことの区別がつかないだけで、本人自身もそれが事実とは反するという意識がない場合が多いのです。

第4章で示すように、発言内容が事実と異なっているだけでは、嘘とはみなせません。少なくとも発言内容が事実と異なっていると話し手自身が認識していることが不可欠なのです。事実とは区別がつかないことは弱点ではあるものの、自分の手持ちの情報をもとに身の回りの出来事を自分なりに理解しようとする営みととらえることもできます。

自分が体験した出来事について「自分が実際に体験した」という意識は4、5歳にかけて飛躍的に発達するとの報告[※20]があります。それによって後々までずっと残る思い出ができ始め、幼児期健忘が終焉を迎えるとの指摘[※21]もあります。自伝的記憶はこの時期から成立するものと考えられます。

自伝的記憶は、自己をどういう存在としてとらえるかと密接にかかわり、その人の生き方や学び方にも大きな影響を与えます。それがどのように形成されるかを次にみていきましょう。

自伝的記憶の発達基盤

自伝的記憶の発達には複数の要因がかかわるといわれていますが[※22]、なかでも自己の発達と、過去の出来事についての親子の会話スタイルの両者がとりわけ重要である可能性が示されています[※23]。

まず自己の発達との関連についてみていきましょう。自伝的記憶は「私の身」に起こった出来事の記憶であるため、さまざまな経験の記憶を統合しうる自己が形成されている必要があるのではないかとの指摘があります[※22,24]。

鏡に映った自己像を自分だと認知できるようになるのは平均すると2歳前後ですが(第6章参照)、こうして成立した認知的自己が情報や経験の組織化の役目を担い、自分の体験した出来事をグルーピングし個人化して自伝的記憶の形成を促すと考えられています。

最近では、3、4歳時に成立する時間的拡張自己の成立が自伝的記憶の成立基盤としてより重要なのではないかとの指摘もあります[※25,26]。時間的拡張自己とは、過去・現在・未来と時間的には変化するものの自己が連続しているという感覚です。この点は、第6章を参照ください。

記憶に影響を及ぼす会話

一方、アメリカの発達心理学者のネルソン（K. Nelson）やフィヴァッシュたちは、子どもと養育者の間でなされる過去の出来事についての語りという社会的要因が、自伝的記憶の成立に重要な影響を及ぼすと指摘しています。[※27, 28]

子どもがまだうまく話せないうちから、養育者は子どもに過去の出来事や体験を尋ねながら、断片的な情報から意味のある話のまとまりへと記憶の語りを組み立てていきます。ほんの片言しか話せない時期には、どのようにして語りを構成していくかはほぼ養育者にゆだねられますが、言葉が上達するにつれて徐々に子どもも語り合いに参加できるようになり、相互的に語りが構成されるようになります。次のエピソードをみてください。

【エピソード】
子ども：先生、昨日、ライオンさん見た。
保育士：ええ！　あっ、テレビで見たのかしら？
子ども：ううん。ちがうけど。
保育士：あっ、サファリパークに行った？

子ども：そう。
保育士：ライオンさん、何してたの。
子ども：あのね、ガオーってね、肉を食べたの。あげたの。
保育士：あ、Tちゃんが、ライオンさんに肉をあげたのね。怖くなかった？
子ども：ううん。

これは3歳児と保育士との会話です。保育士が子どもに「どこで」「何を」「どうした」などの質問を重ねることで、うまく子どもの記憶を引き出し、ライオンにまつわる経験が豊かに再現され、最終的に、ふたりの共同作品としてのまとまりのある過去の話が構成される様子がうかがえます。

こうした相互的な会話の過程で、子どもはどの情報が思い出すべき重要な意味をもち、どのように過去の出来事についての語りを構成するかを学ぶと考えられます。

2種類ある親子の会話スタイル

ところで、家庭での親子の会話スタイルには個人差があることが知られています。フィヴァッシュら[※29]は、2歳半の子どもとその母親のペア10組を対象に、自然な場面での会話を記録し、分析しました。

当初母親には、過去の出来事についての子どもの記憶に関心があると伝えてありました。実験者だと子どもが緊張するので、代わりに母親が子どもの記憶を引き出すようインタビューしてくださいと伝え、会話を始めてもらいます。

会話がすべて終了したのちに、真の研究目的——母親が過去の出来事についての子どもとの会話をどのように構造化しているかを調べること——を説明します。このような手続きを経て採集された母子会話の記録・分析から、ふたつの会話スタイルがあることがわかりました。

ひとつは、「精緻化型」の会話スタイルと呼ばれるものです。これは、母親が子どもと共有した出来事についてより長く会話を続け、出来事の内容に対してさまざまな角度から質問をしたり、情報を与えたりして豊かに脚色し、物語のように体系立った構造につくり上げていくようなスタイルです。

子どもがうまく思い出せない場合は、情報を付け加えたうえで思い出しやすい質問をすることが多く、出来事について長く詳しい説明や確認をする傾向も高いようです。前述のエピソードは、精緻化型に近いといえましょう。

精緻化型の母親は過去の共有体験についての会話を、子どもとより親しくなるための

活動ととらえ、子どもと協力して再構成することを目指しているのかもしれません。[※30]

一方、「繰り返し型」と呼ばれる会話スタイルをとる母親もいます。これは、会話が短いだけでなく、同じ質問を繰り返し、内容が豊かになっていかないタイプのスタイルです。このタイプの母親は、子どもの記憶能力を試す場として会話をとらえているのかもしれません。

フィヴァッシュら[※29]の研究では、繰り返し型より精緻化型の母親の子どもの方が、過去の経験をより多く想起し、語ることが報告されています。

以上みてきたように、自伝的記憶の発達においても、自己の発達といった認知的、個人的な要因だけでなく、大人からの支援という社会的要因が密接に関与するものといえそうです。

4　目撃記憶——子どもの証言は信用できるか

子育てや、子どもにかかわる仕事をしている場合、過去の体験を思い出して、正確に話してもらわなければならないことが時折生じます。

たとえば、大人の見ていないところで子どものケガや事故などが発生した場合、その後の処置や対応を適切に行うためには、当事者や周りの子どもから正確な情報を聞き出せた方がよいでしょう。しかし、そもそもそれは可能なのでしょうか。またどのような聞き出し方が効果的なのでしょうか。本節ではこうした問題に対して、ヒントを与えてくれる、子どもの目撃記憶についての知見を紹介します。

記憶の再構成と目撃記憶

人間の記憶とは、必ずしもビデオでの記録のようなものではありません。経験したことは、それを覚えるとき（記銘時）、保持しているとき（貯蔵時）、思い出すとき（想起時）など、すべての記憶過程において多少なりとも変容するものなのです。

たとえば、１、２年前のお正月に何をしていたか、一緒に過ごした人たちとそれぞれの思い出話をしてみてください。話の食い違いの大きさに驚くことになるかもしれません。各自が同じ体験を素材に、記憶を自分なりに加工し再構成していることの表れでしょう。

こうした記憶の変容は、事故や犯罪などを目撃して、それを証言するまでの過程においてもみられます。アメリカの心理学者ロフタス（E. F. Loftus）の研究[※31]を皮切りに、大人でさえ目撃した出来事について乏しい、不正確な記憶しかもたない場合が多いことが示されてきました。

子どもの目撃証言についての研究が盛んになったのは1970年代からで、子どもの誘拐や虐待などの犯罪増加というアメリカでの社会的背景が影響していたようです。そしてこの目撃記憶のあやふやさは、成人よりも子どもにおいてより顕著であるらしいのです。

幼児を対象としたこれまでの研究において、証言の不正確さの原因として最も注目されてきたのは、「誘導のされやすさ」です。[※32] そこで以下では、誘導のされやすさに関する知見をみていきましょう。

被暗示性――「誘導のされやすさ」

被暗示性とは外からの情報による誘導のされやすさのことで、幼児の証言は他者の言葉などに誘導されやすいことがわかっています。アメリカの発達心理学者セシ（S. J. Ceci）の研究グループは、保育園の教室に見知らぬ男性であるサムを登場させ、約2分間にわたって教室で和やかな感じで過ごしてもらいました。[※33]
そして、その10週間後にサムが訪問したときの出来事を子どもたちに質問したところ、サムの訪問前に「サムはドジでよく物を壊してしまう」といった事前情報を与えられていた子どもや、サムの訪問後に「サムが本を破いちゃったのを覚えている？」など、実際にはサムが行っていないいたずらを示唆するような情報を含む誘導的インタビューを数回受けた子どもは、これらの情報に沿う形で実際にはなかったことを報告するケースが多かったといいます。

ちなみに誘導情報をまったく与えられない場合は、どちらの年齢の子どもも間違った報告をすることはほとんどありませんでした。誘導情報によって誤った報告が増加する傾向は5～6歳児よりも3～4歳児で強くみられたことから、年少の子どもほど誘導されやすいことがわかります。

「誘導のされやすさ」のふたつの原因

幼児の誘導のされやすさには対人的原因と認知的原因のふたつの原因が関与すると考えられます[※34]。対人的原因とは、社会的圧力や権威のある人に屈してしまうなどのことです。子どもにとっては、大人は何でもできて物知りな存在であると感じられる場合が多く、大人の何気ない一言で暗示にかかることは少なくないと考えられます。

たとえば、子どもが親に「その人は赤い服を着ていた」と述べたとします。赤い服ではなく青い服を着た人物であれば思い当たる節があると考えた親が「本当に？　青い服ではなかった？」と尋ねたとします。この問いに対して子どもが「青い服だったかもしれない」と答えを変えたとすれば、親という権威ある人物による暗示にかかってしまったことが疑われます。

認知的原因とは、よく覚えていないとか、はっきりわからないといった状況が、外からの情報を受け入れやすくするといったことを指します。子どもは記憶をはじめさまざまな認知能力に制約があることから、こうした状況に置かれることは少なくないでしょう。たとえばよく覚えていない状況で、「青い服だったんじゃない？」などといわれると「青い服だったかもしれない」と思い込んでしまうかもしれません。

ソースモニタリング——子どもは情報源を間違えやすい

ソースモニタリングとは、ある特定の記憶や知識について情報源が何であったかを判断することを指します。たとえば「交差点で車が人をはねた」ということを知っていても、それを自分の目で見たのか、人づてに聞いたのか、あるいはメディアからの情報なのかを区別できなければ、ソースモニタリングに失敗したことになるわけです。

幼児はしばしばソースモニタリング・エラーを起こすことが知られています。たとえば、ドールハウス内におもちゃの家具を配置するという課題を使用した研究では、5〜

6歳の幼児が大人と共同で課題に取り組む場合、完成後、子どもにどの家具を自分で置いたのか聞いてみると、自分が置いていない家具についても「自分が置いた」と答えるエラーが多く観察されるといいます。[※35]

ソースモニタリング能力は4歳から8歳の間に飛躍的に発達するようですが[※36 37]、ソースモニタリングに失敗する子どもは、嘘の情報に誘導されて、実際の経験とは異なる報告をしやすいとの結果も示されています。[※37]

通常、目撃から証言までの過程のなかで、人はたくさんの質問を受けることになります。ソースモニタリングの難しい幼児は、あれこれ質問されるうちに、質問に含まれている情報と自分の体験を混同してしまうことが多いことは容易に予想されます。

質問の仕方――「オープン質問」と「クローズ質問」

被暗示性が高いというだけで子どもの証言が不正確になるとは限りません。誘導されてしまったときに不正確になるのであり、誘導情報は質問によってもたらされることが多いといえます。

そこで、子どもから正確な証言を引き出すためには、誘導的にならないように質問の仕方を工夫することが必要となります。質問の仕方によって証言にどのような影響があるかをみていきましょう。
証言を引き出すための質問には、「何があったのか話してください（自由報告式質問）」「そのときあなたはどこにいましたか？（Wh型質問）」といった応答の範囲が広いオープン質問と、「その人はカバンをもっていましたか？（Yes-No型質問）」「その人のカバンの色は青でしたか？　赤でしたか？（選択式質問）」といった応答範囲の限定されたクローズ質問があります。後者は、たとえ答えがわからなくても何らかの反応を誘発し、結果として不正確な証言が増えることが指摘されています。[※38]
とりわけ3歳頃の幼児は「その人はカバンをもっていましたか？」といったYes-No型質問に対して、答えがわかってもわからなくても「はい」と答えてしまう傾向が強くみられます（これは5歳頃になると消えるといわれています）。証言という文脈に限らず、一般に幼児は大人からのYes-No型質問に「はい」と答える肯定バイアスが強いといわれていますが[※39]、これが目撃証言にもあてはまるというわけです。
肯定バイアスが生じる理由のひとつとして、証言や面接でのコミュニケーションと、日常会話において求められることの混同が考えられます。幼児の日常生活を考えてみると、そこでの質問は「要求」や「確認」であることが多いでしょう。[※40]「ごはん済んだ？」「お片付けしないの？」などの質問は、「ごはんを早く食べなさい」「片付けなさい」という「要求」の意味で用いられ、そこでは当然「うん」と答えることを期待されているわけです。一方、証言や面接の場では大人は子どもの考えを聞こうと質問をするわけですが、幼児は日常会話の作法をもち込んでしまい、どのような質問にも安易に「うん」と答えてしまうことが推測されます。

さらに、同じ質問を繰り返すことも、子どもの証言を誘導しがちであることが知られています。質問が繰り返されると、幼児は「さっきの答えは間違っている」という社会的圧力として受け止め、最初の答えとは変えてしまうことが少なくないのです。

子どもへの司法面接——正確な情報を子どもから負担なく引き出すために

目撃記憶の研究から、子どもから正確に過去の経験についての情報を引き出すことがいかに難しいかがよくわかります。そして、子どもが安心して話せる雰囲気や、できるだけオープンな形式で質問することなど、質問の仕方に細心の注意を払うべきであることにも納得いただけることと思います。

こうした発達心理学の知見を十分にふまえ、虐待や被害の疑いのある子どもや障がいのある人から、正確な情報を負担なく聴取することを目指して開発されてきたのが司法面接です。

日本の発達心理学者、仲真紀子らのグループがこの分野を牽引しています。[※41,42] 司法面接では、繰り返し面接を行うことで、記憶の変容や汚染が起きないように、また精神的な二次被害（嫌な体験を繰り返し思い出すことでPTSDなどの心的障がいが発生するなど）を避けるために、できるだけ早い時期に原則として一度だけ自由報告を重視した面接が行われます。

自由報告とは、被面接者に自分の言葉で語ってもらうタイプの報告の仕方ですが、その際の留意点として、面接者からはできるだけ情報を出さずに「自分の言葉だけ」で話してもらうこと、子どもの言葉に勝手に解釈を加えずに思いのままに話してもらうこと、安易にコメントや評価をしないことの3点が挙げられています。

その具体的な方法として、次のようなオープン質問が使用されます。①誘いかけ（「何がありましたか」「どんなことでも最初から最後まで全部話してください」など）、②時間分割（子どもが、Aがあった、Bがあったと述べたならば「Aよりも前にあったことを話してください」「AとBの間にあったことを話してください」「Bのあとはどうなりましたか」など）、③手がかり質問（子どもがAがあった、Bがあったと述べたならば「Aのことをもっと詳しく話してください」「Bのことをもっと教えてください」など）、④それから質問（「そして？」「それから何がありましたか？」「そのあとは？」など）。

こうした司法面接の手法は、学校現場においても参考にされています。小中学校の生徒指導の指針となる「生徒指導提要」の最新版[※43]では、事故やいじめなどが疑われ、児童・生徒からの聴き取り調査により客観的事実を把握する必要がある場合、司法面接の手法を参考にするよう新たに記載が加わりました。仲によるわかりやすい解説をYouTubeで観ることもできます。幼児教育施設などで、幼児を対象とした事実調査が求められる場合にも十分に参考になると考えられます。

5　記憶と学習における「知識」の重要性

ここまでの話では、乳幼児は思った以上に記憶や学習に長けているけれども、結局のところ大人にはかなわないという印象を強くもたれた方が多いかもしれません。しかし時には、子どもが大人を文字通り凌駕することもあります。それはどのようなときに生じるのでしょうか。

【エピソード】

『ワンピース』というアニメ・漫画は、随分前から老若男女を問わず人気があります。

6歳のフクは、テレビ版アニメを観てから夢中になり、コミックス全巻を1ヶ月少しで読破してしまいました。その後も部分的に繰り返して読んだりしています。父親はコミックスこそ読む時間はなかったのですが、フクと映画館で観た劇場版アニメを気に入り、自宅にて映像配信されたアニメをフクと観ることが何回かありました。ところがふたりの様子を観察してわかったことは、配信されたアニメの内容について、フクの方が圧倒的にたくさんのことを覚えているということです。どのキャラクターが登場し、どのようなストーリー展開だったかなどを詳しく思い出すことができるようなのです。

アニメや昆虫について大人より詳しい子ども

大人は子どもよりも物事を覚えることに長けていると感じることは頻繁にあるのではないでしょうか。たとえば、大人であれば、夕食分の買い物リストくらいだったら、メモがなくても覚えていられるのに対し、幼児ではそうたくさんの品目を覚えることはできないでしょう。しかし前記のようなエピソードを目の当たりにすると、果たしてこの考えが常に正しいのかどうか疑念がわいてきます。

同じ内容のアニメを同じような興味と意気込みで視聴したにもかかわらず、父親よりも子どもの方がアニメの内容を細部にわたってよく記憶できているようだったからです。

特定の物事について大人顔負けに詳しい子ども、電車博士、昆虫博士、恐竜博士などをみかけることは珍しいことではありません。そうした子どもと接した機会がある方は、前記のエピソードと類似の経験をされたことがあるのではないでしょうか。

こうした現象をどのように説明すればよいのでしょうか。そのひとつの答えとして注目を集めてきたのは、記憶や学習を左右するのは年齢よりも知識の量や質であるという考え方です。

特定の知識によって情報の「チャンク化」が進む

ある事柄について知れば知るほど、その事柄に関する新しい情報を覚えたり、推論するのが容易になると感じたことはないでしょうか。逆にあまり知らない事柄については、この反対のことを感じる場合が多いでしょう。一般的には、あらゆる領域の知識は年齢の上昇にともなって質量ともに豊富化するため、年齢が記憶や学習を左右するように思えます。

ところが、子どもでも、特定の分野について年長者以上に詳しくなれば、年長者よりも記憶や学習に長けることがあるのです。前記のエピソードでいえば、フクだけがコミックスを熟読していたことにより、父親よりも豊富に『ワンピース』に関する知識をあらかじめもっていたため、アニメの内容をうまく記憶、学習できたということなのかもしれません。

記憶において知識が年齢よりも重要であることを劇的に示したのが、チー（M. T. H. Chi）というアメリカの認知科学者です。彼女はチェスに熟練している（故にチェスの知識を豊富にもつ）6歳から10歳までの子どもと素人の大学院生を対象に、チェス盤上の駒の配置の記憶を比較しました[※44]。平均して22個の駒がボード上にあり、10秒間ボード上の駒の位置を覚えたあと、駒の位置を再現するように求めました。正しい再現数や、すべてを正しく再現できるまでの試行数を比較したところ、いずれも熟練者の子どもの方が素人の大人より圧倒的に成績がよいことが示されました（図14）。

チェスに関係のないランダムな数列の記憶だと、逆に大学院生の成績の方がよいことから、チェスという領域にとどまらない一般的な記憶能力の高い子どもばかりがチェスの熟練者であったという説明は成り立ちません。熟練者の子どもは、チェスの豊富な知識を生かし、駒の組み合わせを「熟知した配置」として、ひとまとまりのチャンク（互いに関連のあるひとまとまりの情報です。たとえば、電話番号の中には2桁あるいは3桁の市外局番が含まれますが、これはひとつのチャンクといえます）にして記憶することで、一度に短期記憶（情報を一時的に保持しておく記憶のことです。たとえば新しい

図14　チーらの実験の結果：チェス盤上の駒の配置についての記憶成績（Chi,1978をもとに作成）

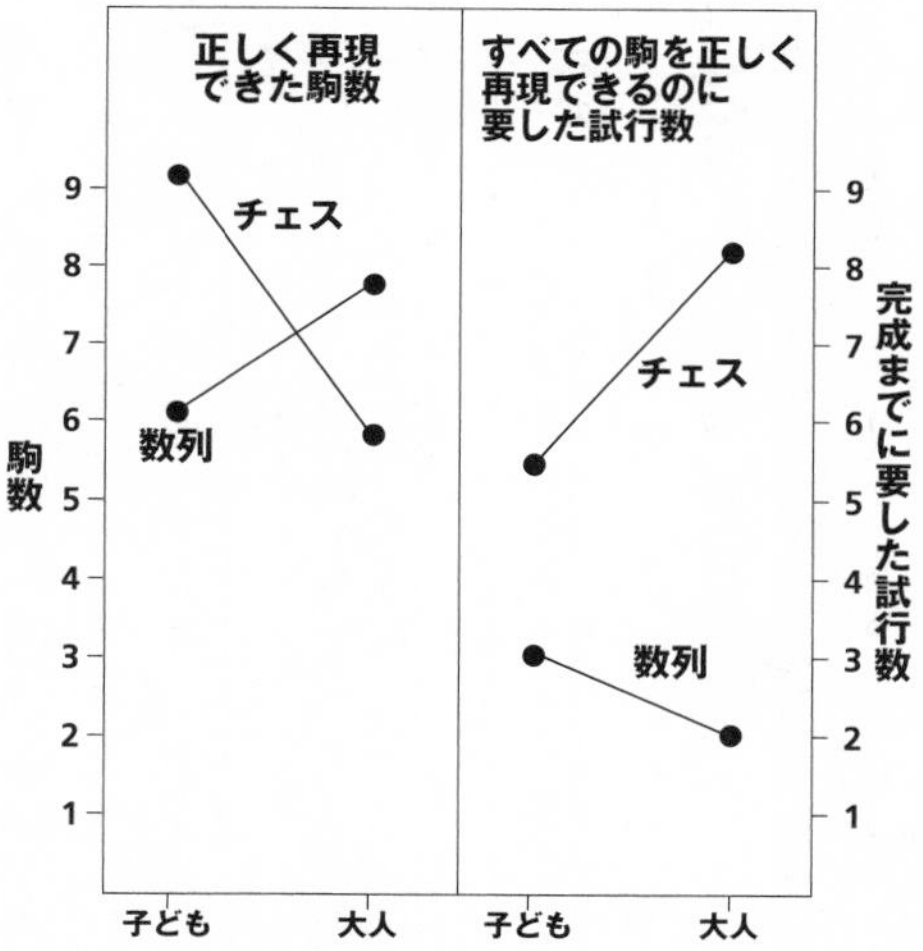

電話番号を聞き、メモをするまで覚えておかねばならないときなどに働くもので、だいたい15～30秒間、持続します）として保持せねばならない情報単位を節約できるのだと考えられます。

新たな知識を獲得しやすくするために

私たちは普段、一般的な記憶、学習能力が発達するおかげで次第に各領域の知識を増やしていくことができると考えがちです。確かにそうした面もあるでしょう。しかし逆に、特定の領域の知識の量や質によって記憶や学習が左右されるという側面はとても大きいのです。本節で紹介した研究は、このことを印象的に示しています。

こうした考え方は、新しい物事の記憶や学習を促す支援を考える際のよいヒントを与えてくれるように思います。これから覚えることに関連する知識を使用しやすくすることが重要だといえるでしょう。それによって記憶しやすくなり、新たな知識が蓄積されやすくなるからです。

では生まれてまもない頃の記憶や学習はどうなのだ、そのような時期にはまだ知識がないではないかという声が聞こえてきそうです。しかし、人間はまったくの白紙の状態で生まれてくるのではなく、誕生まもない頃から世界を認識するための基盤を備えていることがわかってきているのです。

そして、こうした基盤を核にして、いくつかの重要な領域——物、心、生物——については、就学前までには「理論」とも呼べるような豊かな知識システムが構成されると多くの発達心理学者が考えています。早期から容易に知識獲得が進む基盤的領域に注目し、そこでの知識をうまく使用できるように支援していくことで、乳幼児期の記憶や学習は大いに助けられると考えられます。

まとめ

乳幼児を見ていると、年長の子どもや大人に比べて、何かを覚えたり、思い出したりすることに未熟さを感じることは少なくありません。しかし、大人に比べて子どもは記憶や学習能力そのものが未発達であるといった単純な考えで説明しきれるものではないようです。

本章でみてきたように、これらは単独で発達していくものではなく、ほかの認知能力や自己、言語の発達、知識の増大などと絡み合いながら相互に発達していくもののようです。また、記憶や学習はビデオテープの録画のようなものではありません。過去経験を受動的に取り入れ、そのままの状態で保存したり取り出したりするものではなく、経験を素材としつつも、さまざまな状況や情報に基づいて能動的に加工・構成していく動的過程です。子どもの記憶や学習上の誤りは、さまざまな状況や情報に基づいて能動的に世界や自己を理解しようとすることの反映といってよいかもしれません。

そしてこうした過程において、身の回りの他者が重要な役割を果たしていることも示してきました。

このように見ていくと、正確に覚えたり、思い出したりする能力そのものを取り出して訓練するということではなく、子どもが生活のなかでさまざまな側面を関連させながら成長していく過程をしっかり見守りながら支えていくことが大切ということになります。

さらに子どもが覚えたり、思い出したりしたことの正誤のみを評価して終わりにするのではなく、記憶という行為を子どもの能動的な世界づくりの表れとしてとらえ、そこを出発点として支えていくことが大切になるでしょう。

第3章

生物についての理解

生物は動物・植物のどちらも、無生物とは異なる特徴をもっています。成長すること、自分の力で移動することなどです。かつて幼児はこれらの点で生物と無生物を区別しないとされてきました。幼児は雲や机も「痛いと感じる」などと考えており、病気や死のような生物現象も誤って理解しているとされてきたのです。

しかし近年、幼児期の特徴とされてきた「未熟」な考え方が、大人にも認められることがわかってきました。大人は生物現象について、学校教育などを通じて伝達される科学的な知識をもっています。しかし、子どもの特徴とされてきた科学と相いれない考え方も捨て去ることなく、同時にもっているようなのです。

本章では生物に関する理解を取り上げますが、サブテーマは、子どもと大人の理解はどのように異なるのか・異ならないのかです。本章を通じて、子どもだけでなく大人の理解について、そしてその発達過程について意外な見方を提示できればと思います。

それでは、無生物である雲や机に生物属性があると考えるアニミズム、そして生物固有の現象である成長と老化、病気、死に関する理解をみていきましょう。

1　アニミズム

発達心理学者ピアジェ――認知発達研究の出発点

スイスの発達心理学者であったピアジェ（J. Piaget）は、1900年代半ば、認知発達について多くの著書を残しました。それらは日本だけでなく世界各国で翻訳され、発達心理学者を大いに刺激しました。現在の認知発達研究は、ピアジェの発生的認識論を出発点としているといっても過言ではありません。

発生的認識論は、シェマ（フランス語で「図式」）という認知の枠組みが同化と調節を繰り返しながら、より適応的なものへと再構成されていくことを発達と考えます。同化は自分のシェマに対象をあわせること、調節は対象にあわせてシェマをより適応的なものに更新することです。

シェマは、感覚運動段階から前操作段階、具体的操作段階、そして形式的操作段階という4つの段階を、あと戻りすることもスキップすることもなく、順を追って発達していきます。

感覚運動段階（0〜2歳頃）は身体感覚と身体運動によって環境とかかわる段階で、思考の世界は感覚と運動でとらえられる範囲、つまり「いま、ここ」の範囲に限定されています。ピアジェの「操作」は「論理的思考」を意味しますが、前操作段階（2歳頃〜6歳頃）は「いま、ここ」を超える範囲まで思考が及ぶようになったものの、まだ論理的とはいえない（「操作」の前段階なので「前操作」）特徴を残しています。具体的操作段階（6歳頃〜12歳頃）では具体的な対象について、形式的操作段階（12歳頃〜）では抽象的な対象についても論理的に考えられるようになります。

幼児のアニミズム——無生物なのに「生きている」と考える

ピアジェの前操作段階は幼児期にあたりますが、この時期の「論理的とはいえない特徴」のひとつがアニミズムです。アニミズムとは、生物ではない対象に「痛がる」といった生物固有の属性を付与すること（「机を叩くと、机が痛がる」など）をいいます。

ピアジェによれば、「生きている」ことの考え方、つまり生命（life）概念は次のように発達していきます。

最初の段階では、生きていることは活動すること（「太陽は明るくしてくれるから生きている」など）と考えられており、次に動くこと（「自転車は動くから生きている」

など）、そして自律的に動くこと（「虫は自分で歩くから生きている」「自転車は人が動かすから生きていない」など）が生命の指標となります。最後の段階では、動物と植物だけが生きているとみなされます。この最終段階に至るのは11～12歳頃で、幼児期は最初の段階にあたるとされました。実際、５～12歳の子どもたちに、マッチや皿といった事物と金魚や花といった生物が「生きているか」「痛いと感じるか」などを判断してもらった研究では、５歳児が事物にも生物の属性を付与する傾向が認められています。[※1]

ピアジェは前記の発達をシェマという領域汎用的な（あらゆる対象に適用される）枠組みの発達によるものと説明しました。この考え方を否定したのが、アメリカの発達心理学者であるケアリー（S. Carey）です。ケアリーは、シェマではなく生物領域の知識の不足として幼児期の未熟さを説明しました。[※2]幼児は生物領域について十分な知識をもたないためアニミズムのような考え方をすることがあるものの、領域知識の獲得が生命概念を発達させるというのです。

ケアリーはシェマか領域知識かという点ではピアジェと異なる立場を取りましたが、10歳頃にならないと生物現象を生物領域固有の考え方で理解できるようにはならないという点では、一致していました。

ケアリーによれば、幼児は生物現象を心（意図）によって説明する傾向があるといいます。たとえば、摂食（食べること）を「食べたいから」「大きくなりたいから」など、欲求や願望によって説明するというのです。心的状態に原因を求める因果を意図的因果といいますが、この因果は心的現象に関する説明としては妥当ですが、生物現象についてはそうとはいえません。しかし、幼児は意図的因果を生物現象に関する因果より早くに獲得するため、本来、適用してはいけない生物現象にこれをあてはめてしまうというのです。

生気論的因果──「気」や「エネルギー」によって生物現象を説明する

ケアリーのこの考え方に異を唱えたのが、日本の発達心理学者である稲垣佳世子と波多野誼余夫です[※3]。生物現象の説明に幼児が用いる因果は大人とは異なるものの、それは意図的因果ではないとしたのです。

大人が用いる因果は、生理学的メカニズムに基づくもので機械的因果と呼ばれます。たとえば、摂食は「胃や腸のなかで食べ物の形を変えて身体に取り入れるため」と説明されます。幼児はこうした説明はしないものの、ちょうどこの機械的因果と意図的因果の中間ともいえる因果である生気論的因果を用いるのだと、稲垣らは主張しました。

生気論的因果とは、「気」や「エネルギー」といった活力（vital force）の生成と循

図15　生物現象の説明として因果を選択してもらう実験の結果（Inagaki & Hatano, 1993をもとに作成）

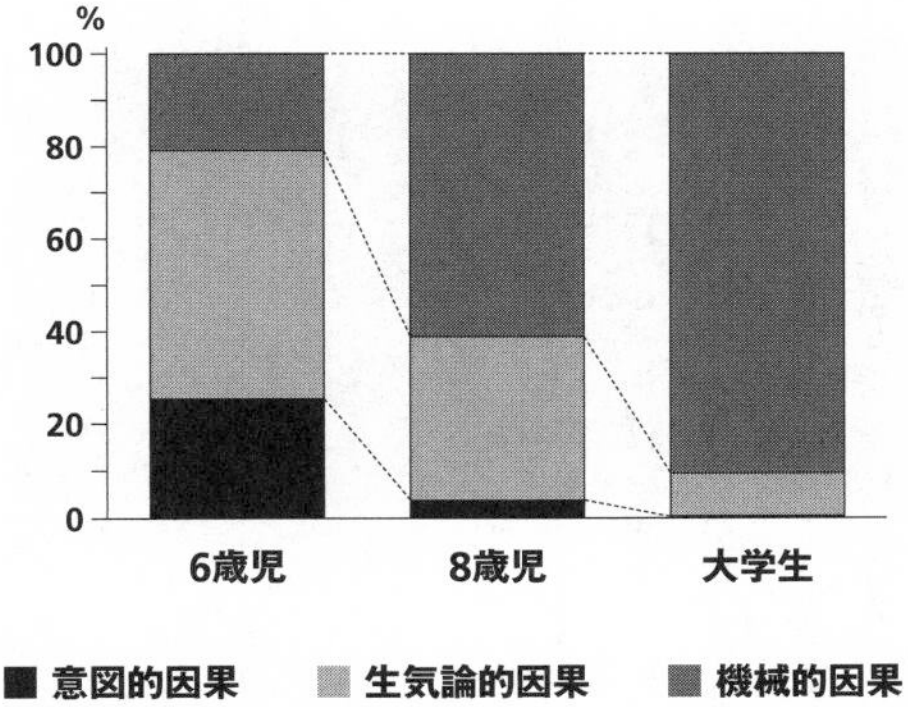

環によって生物現象を説明するものです。たとえば、摂食は「お腹が食べ物から元気の出る力をとるため」と説明されます。

稲垣ら[※3]は、6歳児・8歳児・大学生を対象として、意図的因果・生気論的因果・機械的因果のどれが摂食や血液循環といった生物現象の説明として最も適切か、選択してもらう実験を行いました。「私たちが、毎日食べ物を食べるのは、どうしてだと思いますか？」といった質問に対して、（a）意図的因果：「私たちが、おいしい食べ物を食べたいからです」、（b）生気論的因果：「お腹が食べ物から元気が出る力をとるためです」、（c）機械的因果：「胃や腸のなかで、食べ物の形を変えて身体に取り入れるためです」のなかからひとつを選んでもらったのです。

図15に、6歳児、8歳児、大学生が各因果を選んだ比率を示しました。ケアリーが主張した意図的因果は6歳児でも3割弱にしか認められませんでした。一方、生気論的因果の選択は6歳児では約半数を占め、8歳児で4割弱、大学生でも1割程度となりました。生理学的メカニズムに依拠する機械的因果は、年齢が上がるとともに多くなりました。なお、生気論的因果に依拠する傾向は、日本だけでなくオーストラリアの子どもたちにも認められています[※4]。

大人の生気論的因果――「病気のかかりやすさ」の理由は？

生気論的因果は幼児だけのものではありません。大人もまた、生気論的因果に頼ることがあります。ただし、それを適用する対象が幼児とは異なります。

大人は病気のかかりやすさを説明する際、しばしば「病気への抵抗力」に言及します[※5]。たとえば、「睡眠不足や疲労は、病気に対する身体の抵抗力を減少させる」などと説明します。抵抗力は病気から身体を守る「元気」や「パワー」、「エネルギー」、「力」で、活力のひとつです。

筆者はさまざまな年代（20代・40代・60代）の、高等学校卒・四年制大学卒の大人に、摂食や睡眠、人間関係、心配の程度が病気のかかりやすさに影響すると思うかを聞きました。[※6]その結果、年代や学歴にかかわらず多くの大人が、摂食や睡眠といった身体的要因だけでなく人間関係や心配の程度といった心理的要因が病気のかかりやすさに影響すると回答し、その理由として活力に言及しました。このことは、水疱瘡のように明確な原因（ウイルスとの接触）のある病気についても同様でした。

これらの結果からもわかるように、大人にとっての活力は心と身体にまたがる心身相関的な概念です。この活力は仲のよい友だちとおしゃべりしたり、散歩したりすると増え、人間関係がぎくしゃくしたり、心配事があると減ってしまいます。

一方、幼児にとっての活力は身体的な概念で、心身相関現象の説明には使われません。幼児は身体性の不調（たとえば、腐ったものを食べてお腹が痛い）には「元気がなくなるから」のような説明をしますが、心因性の不調（たとえば、心配でお腹が痛い）には「元気」や「力」といった生気論的概念をほとんど用いません。

一方の大人は身体性の不調には機械的因果を、心因性の不調には生気論的因果を用いる傾向があります。[※789]生気論的因果は幼児期という特定の時期にだけ使われるものではありませんが、その意味は発達とともに変化していくことがわかります。

大人のアニミズム――「動くもの」は生物とみなしてしまう？

前述のように、ピアジェはアニミズムを幼児期の認知的特徴としました。しかし、近年、これが大人にも認められることがわかってきました。

北米のある研究では、若者（18〜23歳）・健康な高齢者（65〜81歳）・アルツハイマー病の高齢者（73〜93歳）に、動物（ネコ・鳥・ヘビ・虫）・植物（花・木）・自然現象（雨・雲・太陽・炎・風・山）・人工物（自転車・車・ベル・テーブル・時計・飛行機・ランプ・鉛筆）が生きているかどうか、判断してもらいました。※10

大人なのだから、動物と植物だけを生きていると判断するに決まっているだろうと思われるかもしれません。実際、若者の場合、95％の対象者は動物と植物だけを生きていると判断しました。しかしその判断をしたのは、健康な高齢者では70％、アルツハイマー病の高齢者では29％にとどまりました。アルツハイマー病の高齢者は、その50％が自然現象や人工物も生きていると判断したのです。

人工物も生きているとする「人工物アニミズム」パターンは、健康な高齢者には認められませんでしたが、自然現象を生きていると判断する「自然現象アニミズム」は、健康な高齢者の30％に認められました（若者では5％、アルツハイマー病の高齢者では21％）。雨や雲、太陽や炎のように動きのある自然現象は、生きていると感じられやすいのです。

動きのあるものを生命があるものと判断しやすいことは、高齢者に限ったことではありません。大学生を対象として、動物と植物、動かない人工物（ほうきやタオルなど）、動かない自然物（石やクレーターなど）、動く人工物（トラックやフェリーなど）、動く自然物（彗星や川など）の名前を提示し、その直後（1秒以内）に生物かどうか判断を求めた研究があります[※11]。

不正確で時間のかかる判断は動物より植物に、動かない物より動く物に、人工物より自然物に多く認められました。植物を生物と判断すること、動く人工物や動く自然物を生物ではないと判断すること、そして自然物を生物ではないと判断することは、瞬間的に正確な判断が求められる状況ではタフな若者にとっても難しいのです。

興味深いことに、これと同じ結果が、イエール大学とジョンズ・ホプキンス大学（いずれも北米の名門大学）の生物学部に所属する生物学の教授にも認められています。生物領域について豊富な専門知識をもっている人でさえ、動くものを生物とみなしてしまう「誤り」を犯してしまうのです。

2　成長と老化

ピアジェの発生的認識論にしたがえば、前操作段階の幼児は無生物も成長すると考える傾向にあるといいます。もしこれが正しいとすれば、幼児は生物と無生物を区別しないことになります。しかし、近年の研究はこれを支持しません。

生物の成長――「無生物は大きくならない」という理解

動物も植物も、生物は年齢があがるとともに成長していきます。そしてこの過程で外見にも変化が生じます。蝶のように外見が大きく変わる種もありますが、成長過程でアイデンティティが変わることはありません。幼虫の蝶（青虫）と、その幼虫が成長したあとの蝶は、同じ個体であることに変わりはありませんね。一方、無生物にはそもそも成長というプロセスがありません。

動物は成長とともに大きくなるものの、無生物はそうではないという理解を幼児について確かめた研究があります[※12]。

3歳児と5歳児に、図16のような絵を見てもらいました。まず、各図の上段の絵を提

図16　動物と無生物を区別する実験の課題例
（Rosengren et al.,1991をもとに作成）

示し、「赤ちゃんだったとき」（動物）あるいは「新しかったとき」（事物）と紹介します。次に、大きさの異なる2枚の絵（各図の下段）を提示し、どちらが「大人になったとき」あるいは「古くなったとき」のものなのか、選んでもらいました。

動物は成長にともない身体サイズが大きくなりますから、ワニとクマについては左側、ウサギについては右側が正答です。一方、事物はどんなに時間がたってもサイズが変わることはないので、コマについては右側、ヤカンについては左側が正答となります。実験の結果、3歳児のほぼ全員が正しい絵を選びました。子どもは3歳までに、動物がアイデンティティを保持しつつ成長すること、その過程で小さくならないこと、そしてこの変化が無生物である事物にはあてはまらないことを理解するようになるのです。

動物だけでなく植物についても同様の理解が認められます。この点を検討した研究[※13]では、4歳児・5歳児を対象として、動物課題、植物課題、事物課題の3課題について判断を求めました。

手続きは先の研究と同様です。まず、図17の各図の上段の絵を提示し、次に下段の2枚の絵を提示し、「数時間後」と「数ヶ月後あるいは数年後」の植物／動物／事物を選

図17　動物と植物と無生物を区別する実験の課題例
(Inagaki & Hatano,1996をもとに作成)

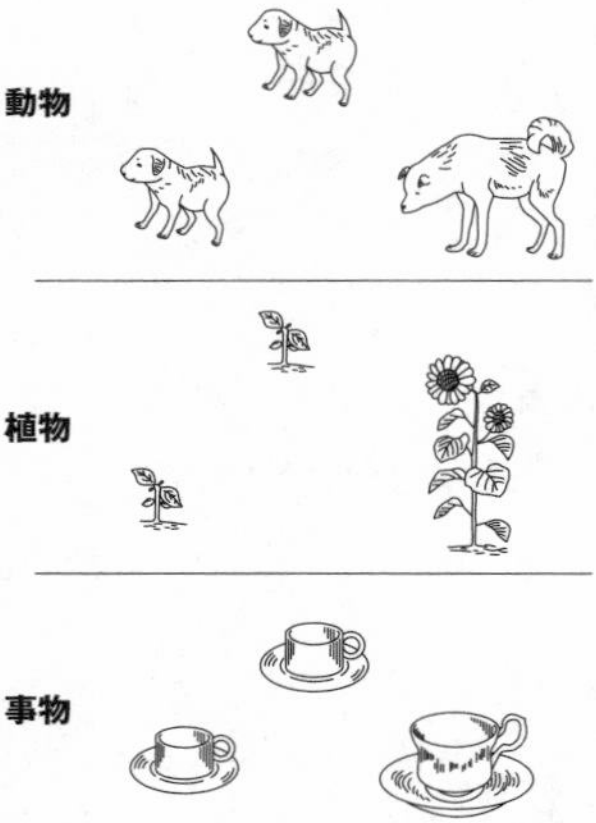

んでもらいました。

その結果、4歳児も5歳児も動物と植物については「数時間後」はサイズが変わらない左側の絵を、「数ヶ月後あるいは数年後」はサイズが大きくなる右側の絵を選択する傾向がありました。

一方、事物については「数時間後」も「数ヶ月後」もサイズが変わらない絵を選択する反応が、5歳児では76％、4歳児では57％に認められました。事物が成長しないことに関する4歳児の理解は5歳児ほど確かではありませんが、それでも4歳児は植物と動物がともに成長する存在であることには気づいているのです。

摂食——幼児は「食べる」ことの重要性をどこまで理解しているのか

生物の成長には栄養が欠かせません。動物は摂食によって、環境内から栄養を取り込みます。摂食は体重や健康、力強さなどと関係しますが、幼児でも質のよい食べ物を食べること、より多くの食べ物を食べることが体重増加や健康につながることを理解しています。[※14]

興味深いことに、小学6年生になると怠けも摂食と関連すると考えるようになります（幼児はそうではありません）。質の悪い食べ物を食べていると怠惰になるというのです。

幼児は身長も摂食と関連する（たくさん食べれば身長が伸びる）と考える傾向にありますが、6年生は摂食より遺伝の影響が大きいと考えることも示されています。

摂食と成長の関連性に関する幼児の理解は、単なる入力—出力関係の理解（食べれば成長する）にとどまりません。5〜14歳児と大人に、摂食の目的（私たちはなぜ食べる必要があるのか）や摂取量（1日に1回だけしか食べなかったらどうなるか）、バランスの悪い食べ物の影響（ずっと甘い物ばかり食べていたらどうなるか）などについて質問し、得られた説明を分析した研究があります。[※15]

説明を、（a）関連性のみ（「大きくなるために食べる」のように因果関係の説明がないもの）、（b）心理的説明（「食べたいから食べる」のように好みや欲求、信念といった心的状態を原因とする説明）、（c）生気論的説明（「野菜にはエネルギーがある」のように活力を原因とする説明）、（d）機械的説明（「摂食はガソリンタンクを満たすようなもの」のように身体を機械として説明するもの）、（e）生理学的説明（「食べ物はグルコースや糖に分解される」のように生理学的プロセスに言及した説明）の5つに分類したところ、5歳児では関連性のみの説明が多かったものの、機械的説明も約半数の子どもに認められました。

たとえば、「食べ物には『身体によいもの』が詰まっていて、食べることで『よいもの』が身体に入り、大きくなるために使われる」などと説明したのです。

8歳になると機械的説明に加えて生気論的説明が多くなり、11歳以上になると生理学的説明も多く認められるようになりました。

幼児は食べ物が身体内部で生物学的に変化することについても、ある種の理解を有しています。

4～5歳児と7～8歳児を対象として、「食べ物と息が身体内部でどのように変化するか」と質問し、次の3つの説明からよい説明を選んでもらった研究があります。※16

3つの説明とは、（a）生理学的説明（「食べ物（息）は身体の中に入ったあと、身体の中のいろいろなところに送られて血や肉に変わる（血や肉がつくられるのを助ける）」）、（b）生気論的説明（「食べ物（息）の中には、健康でいることや生きていくために必要な大事なものが入っていて、その大事なものが身体のなかに吸収される」）、（c）知覚的説明（「食べ物（息）は身体の中に入ったあと、色が変わったり温かくなったりする」）です。これらのなかで最も科学的な説明は生理学的説明で、逆に最も表面的な説明は知覚的説明です。

4～5歳児も7～8歳児も息の変化については、生理学的説明や生気論的説明より知覚的説明をよい説明と答える傾向がありました。しかし、食べ物の変化についてはどちらの年齢でも、知覚的説明より生気論的説明をよい説明と判断しました。

呼吸については、呼吸していること自体、摂食に比べれば気づきにくいものです。口に手をあてて息の流れを確かめでもしない限り、意識されにくいものです。一方、摂食については、そうとはいえません。衣食住というように、摂食は日常生活の基礎にあります。呼吸と摂食のこうした差異が、両者について異なる理解を生じさせたのかもしれません。幼児は、呼吸についてはその生物学的な機能に気づいていませんが、摂食については健康維持や生存と関連づけて、その機能を理解しているといえるでしょう。

老化――子どもにとっての「老い」

発達には大きくなること、つまり成長することだけでなく、身体機能が徐々に衰退していく老化の過程も含まれます。前述したように、子どもは成長を生気論的因果に基づいて理解していますが、生気論的因果は老化に関する理解でもカギとなります。

私たちは年をとるにつれ白髪や皺が出たり、髪の毛がうすくなったりします。子どもはこうした外見の変化をどのように考えているのでしょうか。本書の著者のひとりである中島伸子は4歳児と5歳児を対象として図18のような絵を提示し、老化に関する理解を検討しました。[※17]

図18　老化に関する理解の実験で使われた課題例
（中島,2010より）

21歳の男性

身体サイズの増大　　　白髪や皺が増加

まず、図18の上段の絵を「これは21歳の男性を表しています」と紹介し、次に「お誕生日が何回も何回も、とってもたくさん来て、いっぱいいっぱい年をとって80歳になったらどうなりますか」と質問し、下段の2枚の絵からどちらか一方を選んでもらいました。1枚は身体サイズだけが大きくなったもの（誤答：左側）、もう1枚は白髪や皺が増えたもの（正答：右側）です。正答を選択した子どもは、5歳児では76％にのぼりましたが、4歳児では35％にとどまりました。

中島は次に、老化の原因に関する説明として、（a）生気論的説明（「髪の毛をつくる身体の力が弱くなるから」のように活力を原因とする説明）、（b）心理的説明（「嫌な気持ちになることが多いから」のように心的状態を原因とする説明）、（c）人為的・外部的説明（「白く染めたから」のように人為的介入を原因とする説明）の3つを提示し、よいと思う説明を選んでもらいました。

その結果、5歳児は90％以上の子どもが生気論的説明を選択しましたが、4歳児では50〜70％にとどまりました。4歳児については老化について確かな理解があるとはいい切れないものの、5歳児は老化による外見変化がいかなるものかだけでなく、それが身体内部から引き起こされる現象であることを理解しているようです。

3　病気に関する理解

新型コロナウイルス感染症の感染拡大以降、病気（感染症）の感染予防、その原因、治療について、私たちは多くの情報にさらされることになりました。日本では疫病封じの妖怪であるアマビエが一種のブームとなり、2020年の「新語・流行語大賞」のトップ10にも入りました。次に、病気に関する理解をみていきます。

幼児の内在的正義――「風邪をひいたのはお母さんのいいつけを守らなかったから」

「悪事を働くと、その災いが行為者に生じる」という考えを内在的正義といいます。これは公正世界信念（belief in a just world）、つまり「世界は公正であり、人はそれぞれに見合った賞罰を受ける」という信念[※18]のひとつです。

私たちが生きている世界は不条理に満ちており、何の前触れもなく事件や事故に巻き込まれたり、不治の病に侵されたりすることがあります。しかし、正しく行動していればいつかは報われ、悪事は罰せられると信じることで、世界は予測可能なのだから大丈夫だと安心することができます。このように、公正世界信念には私たちの心を安定させる機能があると考えられています。

内在的正義を幼児期の道徳的判断の特徴としたのが、ピアジェです[※19]。その根拠として、ピアジェは「果樹園でリンゴを盗ったら警察官に見つかり、あわてて逃げ帰る途中で腐った橋から落ちた」といった話に対して、児童期半ばまでの子どもが「リンゴを盗ったから橋が壊れた」などと説明することをあげています。

幼児が内在的正義に依拠することは、病気の原因について考えるときにも認められています。１９８０年代に行われた研究では[※20]、風邪をひいたのは「お母さんのいいつけを守らなかったから」とする考え方を、４歳児の約80％、５歳児の約50％が肯定しました。

しかし、7歳児では10％弱、9歳児では0％と、児童期に入るとこの考え方は否定されるようになります。病気の原因を過去の悪事にあると考えることは非科学的であり、以上の結果は、幼児期の思考の未熟さを反映したものとされたのです。

ただしその後の研究では、質問の手続きを変えることで、幼児が必ずしも内在的正義を支持しないことも明らかになっています。

イギリスの発達心理学者シーガル（M. Siegal）は、内在的正義について「あなたはどう思う？」と子どもの考え方を聞くのではなく、内在的正義を他者（パペット）のアイデアとして提示し、それを評価してもらう方法をとりました。※21

子どもは自分自身の考え方を聞かれると、社会的プレッシャーから「自分が評価されている、大人に気に入ってもらえる答えを出さないと」などと忖度し、本来の力を発揮できないというのです。シーガルは病気にかかったパペットが「同じ病気にかかった友だちと遊んだから（病気になった）」と説明する場面（感染）と、「使ってはいけないといわれていたハサミで遊んだから」と説明する場面（内在的正義）を演じてみせ、「パペットがいっていることは、正しいと思う？」と質問しました。その結果、病気が風邪だった場合、4～5歳児の約70％が内在的正義を否定し、感染を肯定したのです。

病気の区別と潜伏期間――なぜすぐに発症しない？

幼児は病気のほかの側面については、どの程度のことを理解しているのでしょうか。病気には伝染するものとしないものがありますが、この区別は幼児期にはまだ明瞭ではありません。

2019年末から世界的な感染爆発を引き起こした新型コロナウイルス感染症やインフルエンザは伝染性ですが、同様の咳症状を引き起こす喘息は伝染する病気ではありません。歯痛も伝染しませんが、4～5歳児の約半数は「虫歯の友だちと遊んだから、自分も虫歯になる」という考えを肯定することが示されています[※21]。しかし、こうした判断は小学3年生になると、ほとんどみられなくなります。

同様の発達的変化は風邪とがんを取り上げた研究でも認められています[※22]。5歳児と7歳児は、風邪もがんも「病気の人の咳がかかった」「病気の友だちと遊んだ」ことが原因で同じ病気にかかるかもしれないと答える傾向にありますが、10歳児は、風邪は伝染してもがんは伝染しないと判断するようになります。ただし4歳児でも病気とケガは区別しており、ケガは外部の力など物理的な原因によるものの、病気は身体内部に原因があると区別していることが示されています[※23]。

幼児は潜伏期間についても十分に理解しているとはいえません。病気を引き起こす細菌やウイルスは、身体内部に取り込まれたとしても、すぐに病気を発症させるわけではありません。たとえば、汚染された牡蠣を食べても、すぐに気持ちが悪くなったり吐いたりしませんね。しかし3～5歳児の多くは、汚染された食べ物を食べるとすぐに情動反応（悲しくなる）だけでなく、身体反応（病気になる）も生じると答える傾向にあります[※24]。

ただし潜伏期間については、小学生でも、さらには大人でも十分に理解しているとはいえません。小学1～6年生のほとんどが、細菌・ウイルスとの接触から病気の発症までに時間がかかること、その間に細菌・ウイルスが身体内部で増殖することを知らなかったという報告があります[※25]。

日本の大学生と中高年者（48～69歳）も、その大半が「食中毒の発症までになぜ時間がかかるのか」を「消化・吸収に時間がかかるから」と説明します[※26]。しかしこれは誤った理解であり、消化・吸収に時間がかかるからではなく、細菌・ウイルスの増殖に時間がかかるからです。病気に関する幼児の理解は確かに脆弱ですが、長期にわたって学校教育を受けた大人でも、その理解は盤石ではないのです。

魔術説——大人が支持する非科学的な信念

潜伏期間に関する理解でもみられたように、大人になったからといって、論理的で科学的な理解をもつようになるわけではありません。ピアジェは内在的正義を幼児期の未熟な思考を特徴づけるものとしましたが、内在的正義は、歴史をたどれば特段、不思議な考え方ともいえません。

近代医学が誕生する以前は、世界の多くの文化において、感染症の流行は人間の不道徳な行いに対する罰と考えられ、神々の怒りを鎮めるために大規模な祈禱が行われたり、身体に苦痛を与えて悪魔を追い出す治療法がとられてきました。近年の研究では、病気に関するこうした魔術的な考え方が過去の遺物とはいえないことが明らかになっています。

南アフリカで行われた研究[※27]を紹介しましょう。ヨハネスブルグ郊外に住む５～15歳児と大人（29～51歳）を対象として、ＨＩＶとインフルエンザにかかった理由として、（a）血液媒介説（病気の人が使ったカミソリで手を切った）、（b）伝染説（病気の人と遊んだ）、（c）内在的正義説（お母さんに嘘をついた）、（d）魔術説（嫉妬している隣人に魔術をかけられた）といった説明を提示し、それぞれを肯定するか判断を求めました。図19は、ＨＩＶに関する結果を年齢グループごとに示したものです。各説明を肯

図19　HIVにかかった理由の説明の実験結果
（Legare & Gelman,2008をもとに作成）

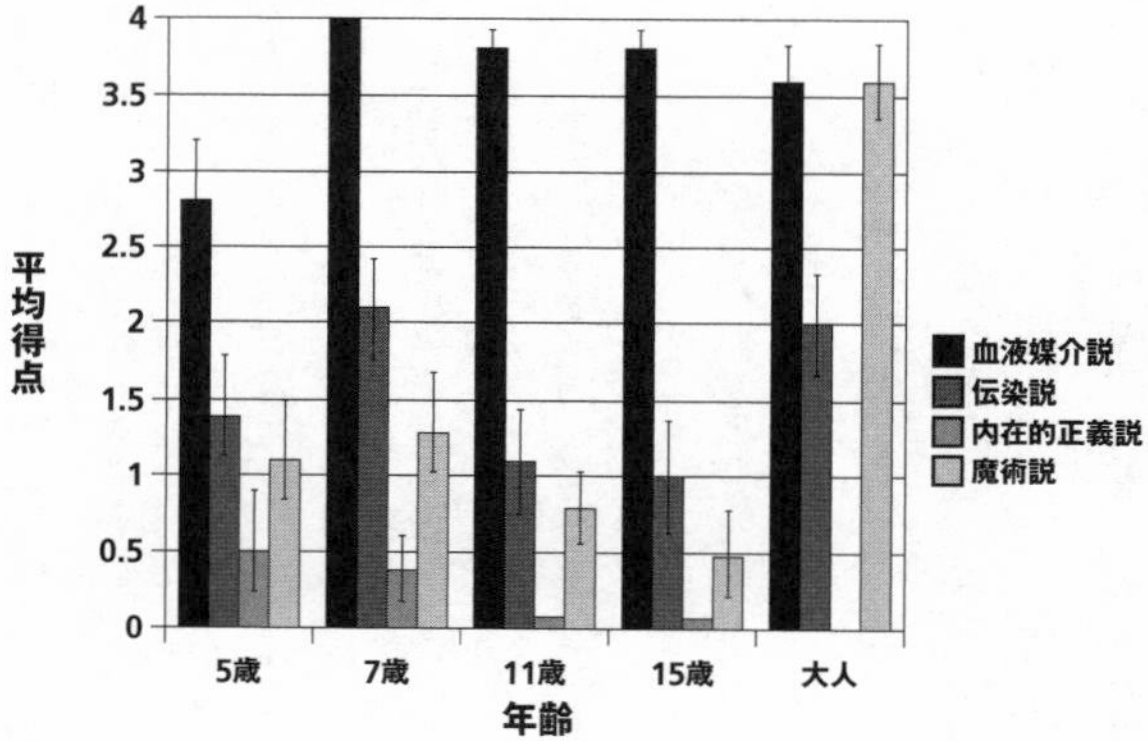

定した場合、1点が与えられましたが、課題は4つあったので、得点の最大値は4点となります。

血液媒介説はどの年齢グループでも高得点であること、内在的正義説は年齢があがるとともに得点が低下すること、魔術説は5歳児グループから15歳児グループにかけて低下するものの大人になると上昇するというU字形曲線を描くことがわかります。HIVの場合、血液媒介説が科学的には正しい説明ですが、この理解は年齢にかかわらず認められています。興味深いことに、大人では、最も科学的な血液媒介説の得点と最も科学的とはいえない魔術説の得点がほぼ同程度となりました。

この研究で対象とした地域では、学校教

育を受けた期間が人によってまちまちでした。この研究が実施された２００５年時点において、大人の８％は学校教育経験がなく、12年間の学校教育を受けた人は28％だったということです。[※27]そこで、学校教育を受けた期間の長さと判断の関連性についても検討されましたが、学校教育期間が長い人ほど血液媒介説を肯定し、魔術説を否定したという結果は示されませんでした。学校では科学的な知識を教えますが、科学的な知識に触れる機会が多くても、科学と相いれない信念が駆逐されるわけではないのです。

大人の内在的正義――子ども以上に肯定する？

病気に関する大人の理解が科学的でありながら同時に魔術的でもあることは、内在的正義に関する近年の検討でも示されています。ピアジェは内在的正義を幼児期の特徴としましたが、状況によっては子ども以上に大人が内在的正義を肯定するという研究結果が示されています。

アメリカの小学6年生と大人（大学生）を対象として、次のような課題文を提示した研究を紹介しましょう。[※28]

【課題文】

ピーターとマークは、原因不明で、とても深刻な、死に至る病にかかった人について話をしています。病にかかったその人はこれまでとても健康的な生活を送ってきました。どうしてそんな病気にかかったのか、特に思い当たる理由はありません。

ピーターがいいました。「悪い人にも善い人にも、同じように悪いことは起こるものだよね。でもね、僕は思うんだ。悪いことは、やっぱり悪い人に起こりやすいと思うんだよ。この人はきっと善い人ではなかったんだよ。ほかの人を騙したり、嘘をついたり、親切な人からお金を騙しとったりしたんだと思うよ。悪い人も善い人も同じように、こういう病気にかかるものだよね。でもね、深刻な病気はやっぱり悪い人の方がかかりやすいと思うんだ。因果応報ってやつだよ」

次にマークがいいました。「僕はそんなふうには思わないよ。悪い人も善い人も、同じように深刻な病気にかかると思うんだ。因果応報だって？　そんなことはないと思うよ」

さて、「あなたは、ピーターとマークのどちらを支持しますか？　理由とともにお答えください」と聞かれたら、どのように答えますか。

この研究では、マークを支持した人、つまり内在的正義を否定した人は小学6年生では80%でしたが、大人では58%にとどまりました。意外と思われるかもしれませんが、未熟な考え方とされる内在的正義への肯定は、子どもより大人において強く認められたのです。

4　死に関する理解

必ずしも科学的とはいえない考え方が大人にも認められることは、死をめぐる理解についても報告されています。

死の4原則――植物の死のとらえ方を考える

生物にとって死は避けられないものです（不可避性）。どれだけ願っても祈っても、どれだけ健康的な生活を送っていても、死を回避することはできません。そして死はすべての生物に例外なく訪れます（普遍性）。一度死ぬと二度と元に戻ることはできず（不可逆性）、死には病気や老化といった原因があります（因果性）。現実世界では不老不死も、死者の復活もありえないのです。

幼児は以上の4原則がヒトだけでなくほかの動物にもあてはまることを、大まかには理解しています。しかし生物に関する理解で難しいことに、植物を動物と同じとみなすことがあり、この点については限界もあるようです。

私たちは対象が生きているかどうか判断する際、対象の動きを手がかりとしますが、通常、植物の動きを目で見ることはできません。また、植物のなかには寿命がとても長いもの、個体の一部に生活反応がない部分を抱えたまま生きているものもいます。[※30] これらのことが、植物を動物と同じように死ぬ運命にあるという気づきを難しくさせているのです。

植物について死の4原則（不可避性・普遍性・不可逆性・因果性）に関する理解を検討した研究を紹介しましょう。この研究では、4歳児・6歳児・大人に対して、次のような質問を行いました。[※30]

（a）不可避性：花（草、木）はいつか死ぬと思う？　それともずっと生きているのかな？

（b）普遍性：花（草、木）はみな死ななければいけないものなの？　それとも、ずっと生きている花（草、木）もあるのかな？

（c）不可逆性：花（草、木）が死んだあと、それとまったく同じ花（草、木）が生き

図20　植物の死の4原則の理解への正反応率
（Nguyen & Gelman,2002をもとに作成）

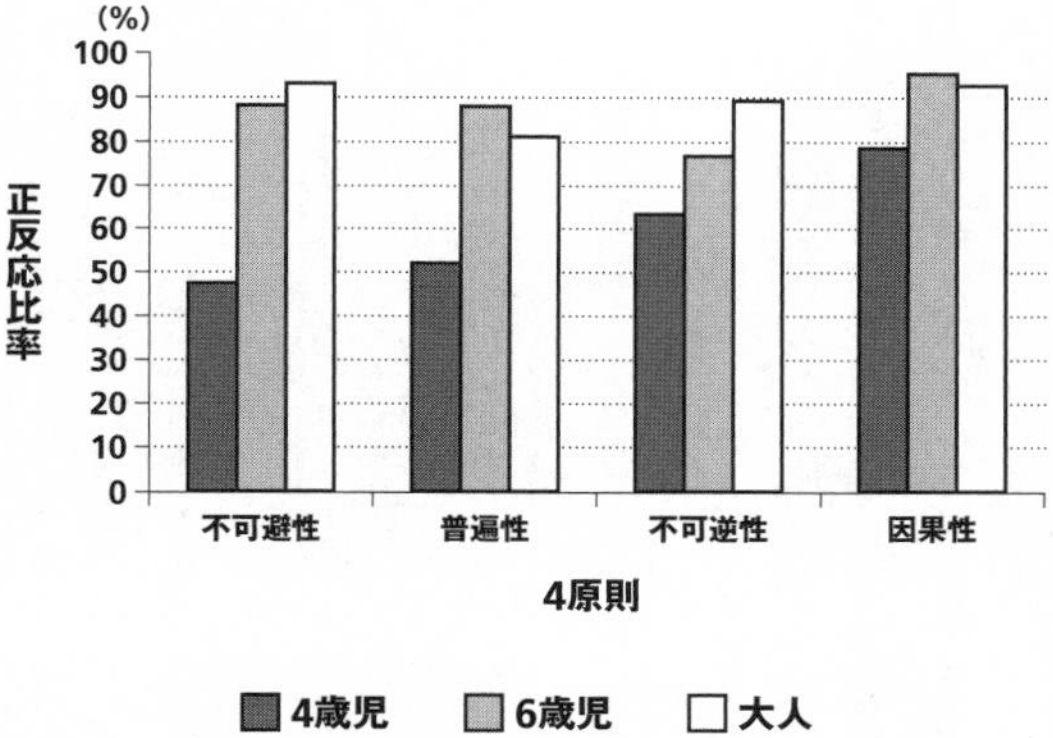

返ることはあるのかな？　それとも一度死んだら、ずっと死んだままなのかな？

（d）因果性：花（草、木）は病気が原因で／お日さまの光や水が足りなかったことが原因で／人がとったり切ったりしたことが原因で／すごく年をとったことが原因で／自分でそうしたいからという原因で死ぬのかな？　花（草、木）が死ぬのに、人は必要なのかな？

図20に、各年齢グループにおける正しい反応の比率を示しました。

4歳児の正反応率は、いずれについてもあまり高くありません。しかし、6歳児の正反応率は大人と同程度でした。図20には示されていませんが、花・草・木による正反応率を比較したところ、花と木については高かったものの（全年齢グループをあわせて約70％以上）、草についてはそうではありませんでした。とりわけ不可逆性については、60％程度の正反応率にとどまりました。抜いても抜いても生えてくる雑草のイメージが強く働いたのかもしれません。

死者の生き返り——子どもの「死の不可逆性」の理解

不可逆性の原則にあるように、死者が生き返ることはありません。しかし、私たちの身の回りにはお盆の迎え火など、死者をまるで生きているかのように扱う風習が数多く残されています。

「死者は生き返る」という考えを肯定する人は、キリスト教信仰の強い北米では大人（18〜50歳、このうち46％がキリスト教徒）の45％にのぼります。[※31] また、「死者に水を飲ませた／食べ物を与えた／呪文を唱えた／薬を飲ませた」などといった条件があれば、「死者が生き返る」とした人は半数を超えました（56％）。同じ質問をアメリカの5歳児〜小学3年生（地方在住、労働者階級家庭の白人）に行った研究では、[※32]「死者は生き返る」とした子どもはわずか7％でした。また条件によって「死者が生き返る」と判断した子どもは31％でした（大人は前述の通り、56％）。死の不可逆性という科学的理解は大人より子どもにおいて顕著であったということになります。

現代では蘇生医療が進歩し、心肺機能がいったん停止しても、医療的介入によって自発的な血液循環や呼吸が回復することがあります。大人が「死者の生き返り」を肯定しやすい背景には、これらのことが関係しているのかもしれません。とはいえ、さまざまな宗教で死後の世界が信じられていることの影響も大きいと考えられます。

実際、死後の世界を信じることは、家族の信仰と関連します。イギリスの4～11歳児と大人（18～66歳）を対象とした研究では、※33 不可逆性を含む死に関する理解を検討しました。

対象となった子どもの約半数の家族は信仰をもっており、そのうち73%がキリスト教、残りがイスラム教、ヒンドゥー教、仏教、ユダヤ教でした。実験の結果、死後の世界を肯定することは子どものIQや社会経済的地位とは関連しませんでしたが、家族の信仰とは関連性が認められました。家族が信仰をもっている子どもほど、死後の世界を肯定する傾向があったのです。キリスト教やイスラム教を信仰する親は、家庭生活のなかで「永遠の生命」や「天国」、「キリストの復活」などについて、子どもと話す機会もあるのでしょう。こうした経験の蓄積のうえに、子どもの理解がつくられていくと考えられます。

死者の属性――死者はどんな存在に？

死後の世界を肯定するとしても、死者は死ぬ前と同じ属性をもつ存在として、つまり身体をもち、生命機能を維持するために食べたり眠ったりする存在として認識されているとは限りません。では、死者はどのような存在と考えられているのでしょうか。

ここで「死んだ赤ちゃんネズミ」の研究を紹介しましょう。この研究[※34]では、アメリカの5～6歳児と10～12歳児、大人を対象として、以下の課題文を人形ショーとして演じてみせました。

【課題文】

（人形を見せながら）これは本当のネズミではないよ。こっちも本当のワニではないよ。だけど、本当のネズミ、本当のワニだと思ってね。

ある日、赤ちゃんネズミが森のなかを散歩していました。赤ちゃんネズミは散歩しながら、いろいろなことを考えました。弟といつも喧嘩をすること。だから、自分はどれだけ弟に腹を立てているかと考えました。時々、ひとりっ子だったらどれだけよかったことか、弟のことで困らされることもなかったのに、とも考えました。赤ちゃんネズミのお母さんは、赤ちゃんネズミのことを、頭がよい子だといつもいってくれました。だから、自分は弟より頭がよいんだと思っています。赤ちゃんネズミは、弟は今ごろ何をしているのかな、どんなことを考えているのかな、とも思いました。

赤ちゃんネズミは食べ物についても考えています。1日中何も食べていなかったので、とてもお腹が空いています。そこで、草を食べてみようと思いました。草を一口かじってみたのですが、とてもまずくて、吐き出してしまいました。赤ちゃんネズミは、喉も渇いていました。でも池の水はとても汚いから、池の水を飲みたいとは思いませんでした。赤ちゃんネズミの周囲では鳥が大きな声で鳴いていました。赤ちゃんネズミは鳥のさえずりを聞きました。赤ちゃんネズミは迷子になってしまい、家に帰りたくて仕方がありませんでした。赤ちゃんネズミはとても悲しい気持ちです。今、自分がどこにいるのかもわかりません。ちょうどそのときです。赤ちゃんネズミは不思議な音を聞きました。草むらが動いています。1匹のワニが草むらから飛び出して、赤ちゃんネズミを食べてしまいました。赤ちゃんネズミはもう生きていません。

赤ちゃんネズミがワニに食べられてしまうというこの可哀想な話を聞いてもらったあと、子どもたちは、死んだ赤ちゃんネズミが次の属性をもつか判断を求められました。

(1) 生物属性（食べ物を食べる必要があるか・脳は働いているか）

図21 「死んだ赤ちゃんネズミ」の属性についての判断比率
（Bering & Bjorklund,2004をもとに作成）

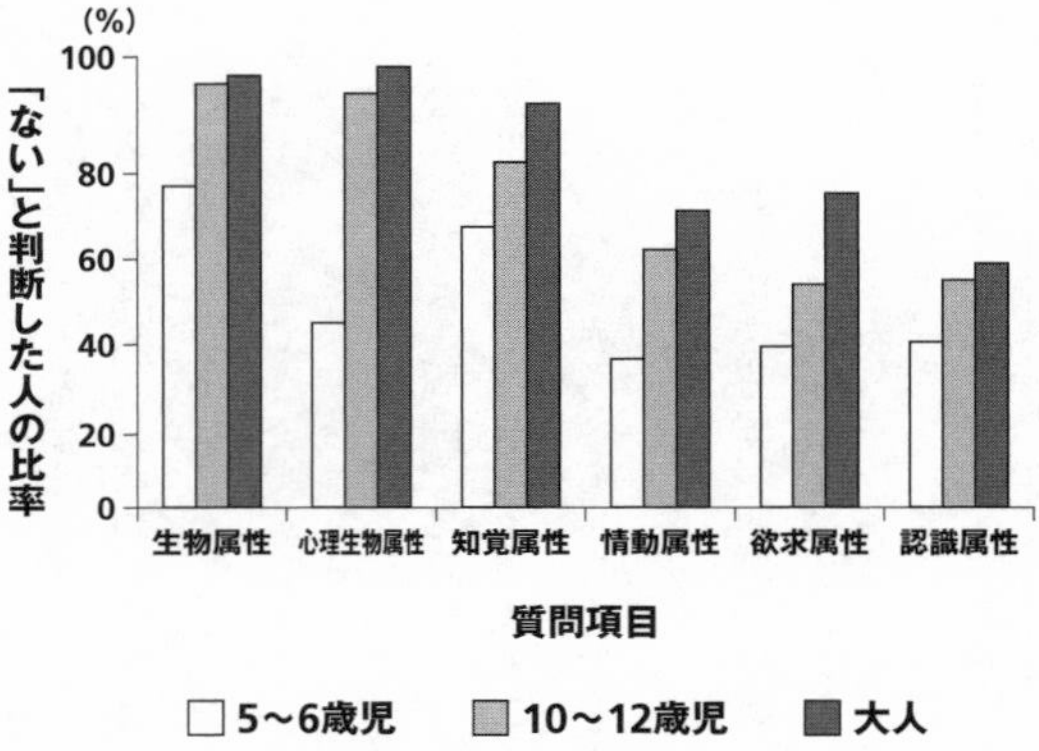

(2)心理生物属性（喉が渇くか・お腹がすくか）

(3)知覚属性（鳥のさえずりを聞くことができるか・草を食べてまずいと感じるか）

(4)情動属性（迷子になって悲しいと思っているか・弟に腹を立てているか）

(5)欲求属性（ひとりっ子だったらよかったのにと願っているか・家に帰りたがっているか）

(6)認識属性（弟のことを考えているか・弟より自分の方が頭がよいと思っているか）

図21に、各属性について「死んだ赤ちゃんネズミには、ない」とする判断の比率を示しました。

全体的な傾向としては、年齢があがるほ

ど「ない」という反応が多くなっていることがわかります。死んだ時点で、食べ物を必要としなくなるし、喉も渇かなくなるし、鳥のさえずりを聞くことも、悲しいと思うことも、ひとりっ子だったらよかったのにと願うことも、弟のことを考えることもできなくなるという判断が増えていきます。一方、属性によって結果が異なることもわかります。生物属性、心理生物属性、知覚属性は、情動属性、欲求属性、認識属性より相対的に「ない」という判断が多くなっています。死によって摂食や知覚といった身体機能は停止するとしても、悲しいと思ったり、家に帰りたいと思ったり、弟のことを考えたりといった心の働きは存続し続けると考えられているのです。

これと同様の結果は、大人（17〜36歳）を対象とした研究でも示されています。[※35]「死んだ赤ちゃんネズミ」の代わりに「交通事故で死んだ男」の話を課題文として、死んだ男が先の6つの属性をもつか判断を求めました。その結果、生物属性・心理生物属性・知覚属性については「ない」とする判断が多く、情動属性・欲求属性・認識属性については「ある」とする判断が多いことが示されました。

大人を対象としたこの研究では、死後の世界に関する考え方によって対象者を「消滅論者」（死によって個人の意識は消滅する）、「不可知論者」（死によって個人の意識がどうなるかはわからない、不可知である）、「不死論者」（個人の意識は、肉体が滅びたとしても永遠に存在し続ける)、「輪廻転生論者」(死後、個人の意識は新しい肉体となって生まれ変わる)などに分け、結果を比較しました。その結果、消滅論者ですら情動属性・欲求属性・認識属性については約20~30%が「ある」と回答することが示されました。なお、輪廻転生論者については、ほぼ100%が情動属性・欲求属性・認識属性を存続し続けるとし、80%以上が生物属性と心理生物属性も存続し続けると判断しました。

5 発達モデルの再検討

置き換えモデルと共存モデル――「未熟な考え方」は大人になっても存在する

本章ではアニミズム、生気論的因果、内在的正義、死者の生き返り、死者の属性などに関する理解を取り上げましたが、これらは幼児だけでなく大人にも認められるという共通点がありました。

ピアジェはアニミズムや内在的正義を、幼児期の論理性の欠如を示すものとしました。死者が生き返るとか、死んでもなお生物属性をもち続けると考えることも、死の生物学的原則に反しており、科学的とはいえません。未熟にみえるこれらの特徴が大人にも認められることは、発達について何を示唆するのでしょうか。
ピアジェの発生的認識論では、発達初期の未熟で論理的とはいえない考え方が、発達とともにより成熟した、より論理的な考え方に置き換わるとされています。そのため、この発達観は置き換えモデルと呼ばれます。※36
しかし、本章でみてきた発達は、置き換えモデルの描く発達とは異なります。無生物を、とりわけ動く無生物を生物とみなすアニミズム傾向は幼児だけのものではなく、高齢者にも、状況によっては若者にも、生物学を専門とする大学教授にも認められます。内在的正義は子ども以上に大人によって支持される場合があります。こうしてみていくと、幼児期の思考と大人の思考は連続的なものであり、発達初期のものとされた「未熟な」考え方は、大人になっても存在し続けることがわかります。学校教育などを通して科学的な考え方も獲得されていきますので、結果的に、ひとりのヒトのなかに、質的に異なる複数の考え方が同居することになります。この発達観は共存モデルと呼ばれます。※27

意味を求める問い――「病気の原因」の答えとして

なぜ私たちのなかには、科学的な考え方とそれとは異なる「未熟な」考え方が共存しているのでしょうか。この疑問には、病因論に関する議論がヒントを与えてくれます。医療人類学者のフォスター（G. M. Foster）は、世界のさまざまな医療を理解するためには、ナチュラリスティックな病因論とパーソナリスティックな病因論に分ける必要があると述べています[※37]。

ナチュラリスティックな病因論は病気の原因を自然の要素に求めます。身体を構成する体液や要素が病気を引き起こすと考えるのです。西洋近代医学はここに含まれます。一方、パーソナリスティックな病因論は病気の原因を人格に求めます。不道徳な行為が病気を引き起こすと考える内在的正義は、その代表例です。

ナチュラリスティックな病因論は「どのようにして病気になるか」というhowの問いには、的確な答えを示してくれます。がんの原因はいまだ十分に解明されていませんが、「どのようにして（how）がんになったのか」と問われたら、「遺伝子が傷つくことによって（がんに）なる」などと説明します[※38]。

しかしがんになったとき、患者と家族は、「あなたががんになったのは、遺伝子が傷ついたからです」という説明を求めるでしょうか。彼らが答えを求める問いは、「どのようにして」ではなく「なぜ（why）」の問いではないでしょうか。「なぜ、この私が、このタイミングでがんになったのか」。ナチュラリスティックな病因論は、この問いの前で甚だ無力です。「それは遺伝子が傷ついたからです」と説明されても、とうてい納得できるものではないでしょう。「なぜ？」「なぜこの私が？」「なぜこのタイミングで？」という問いに、科学は十分な答えを提示することができないのです。

筆者の研究では、病気が深刻だと告げられると公正世界信念（内在的正義）に沿った説明が多くなり、深刻でないと告げられると科学的な説明が多くなることが示されています。[※39]この結果は、重篤な病気などの「深刻な問い」に対する科学の無力さを示唆しています。

その未熟さは、「知性の証」

病気の原因を過去の悪事に求めるという考え方は、本当に「未熟」なのでしょうか。次の議論が参考になります。

「医療の始まりは何だったのか」という問いには5つの答えがあるといわれています。[※40]①病魔退散を神仏に祈ること、②薬草などを服用させたり貼りつけること、③食物を工夫したり加減すること、④患部をなでたり切開すること、⑤休養させることです。

このうち①は病気の原因を超自然的な病魔（悪魔）に求めるもので、一方、②と③は経験的に得られた知識に基づくものです。

古代ギリシャの医師であったヒポクラテスは、当時一般的だった祈禱や呪術による病気治療を排し、自然治癒力を引き出す休養など、現代医学にも通じる施術を重視したといわれています。この話をふまえると、最も古い医療は加持《かじ》祈禱だと思われがちですが、動物を含めた進化の過程も含めれば、むしろそれは最も新しい「医療」だとする指摘もあります。※40 なぜなら、薬草を食べたり、傷口を舐めたりする行為は野生動物にもみられますが、神仏に祈る行為はヒトにしかみられないからです。病魔のような概念は動物から進化したヒトの脳の産物であり、呪術や加持祈禱は高度な知性をもつようになったヒトだからこそ生み出すことのできた「医療」とみることができます。その意味では呪術による医療は「未熟」であるとはいえません。

そもそも私たちは病気を前にして、なぜ「why」の問いを抱くのでしょうか。それは、重篤な病気になって、もしかしたら死ぬかもしれないという状況のなかで、自分の存在価値について考えるからではないでしょうか。「私はどういう存在なのか（だったのか）」「私が生きている（生きてきた）意味はどこにあるのか」と思いをめぐらすなかで、「この私が、なぜこのタイミングで、この病気にかかったのか」という問いが湧き上がってくるように思われます。

病気の意味を問うことについて、医療人類学者の波平恵美子は、また異なる視点を示してくれています。

病気はできれば避けたいものですが、誰もが病気になるリスクを抱えています。そしてもし病気になってしまったら、辛い治療の日々を送らなければなりません。しかし、「病気が自分にとって何か『意味のあるもの』となったとき、自分の生存を脅かす病気を耐え忍ぶことができる」[※41]のではないかというのです。病気を意味づけることが病気を乗り越える力になるというわけです。

このようにみていくと、病気を罰と考えたり、その治療のために神秘な力を頼ることは、「未熟」どころかヒトの知性によってこそ生み出されたもの、知性の証といえるかもしれません。

まとめ

この章では、成長や病気、死など生物現象に関する理解を取り上げました。近年の研究は、幼児の理解が驚くほど洗練されていること、その一方で大人の理解が驚くほど素朴な信念を内在させていることを明らかにしてきました。

子どもと大人の理解は質的にそれほど大きく異なってはおらず、また発達につれて、必ずしもより合理的な思考がつくられていくわけではないのです。しかし、大人にもみられる非論理的な思考は、ヒトの生存を助ける合理的な戦略とみることもできます。

たとえば、「動くもの」を生物とみなすアニミズムは、雨や雲などを生物とみる点で科学的ではありません。けれど、「動き」を基準として判断することは、自分を襲ってくる敵から身を守るためには好都合に働きます（「動きの気配を察知して身構える」など）。一見、合理的ではない考え方の意味を探っていくと、ヒト認知の面白さがみえてきます。

第4章

心の理解——心の理論とは

心を見ることはできません。しかし、私たちは相手の行動からその心を推測することはできます。この推測を導くものが「心の理論」です。なぜ単に「知識」ではなく、仰々しく「理論」などと呼ぶのでしょうか。それは、「心の理論」が心という目に見えないものについて一貫した説明と予測を生み出すからです。本章では、「心の理論」を取り上げます。

1　心の理論

「心の理論」研究の始まり――チンパンジーの実験から

「心の理論」研究は、霊長類学者のプレマック（D. Premack）らによる「チンパンジーには心の理論があるのだろうか？」（1978）という論文を発端としています。[※1] チンパンジーを観察するなかで、チンパンジーには仲間の心を推測する能力があると考えるようになったプレマックらは、これを実験的に検討しました。

サラというチンパンジーに、なかなか目的を達成できない状況（「檻に入っているため、外にあるバナナに手が届かない」など）を見せ、次に2枚の写真を示し、目的達成につながる方を選ばせたところ、サラはどういう課題でも、安定的に正答を選ぶことができたのです（先の場合、「檻から棒を突き出している」写真）。

ここで正答するためには、檻の中にいる人が「バナナが欲しい」という欲求をもつと仮定し、「だから、檻から棒を突き出してバナナを取ろうとするに違いない」と推論する必要があります。そのため、この実験結果からプレマックらは、サラには心に関する理解があると結論づけたのです。

しかしその10年後、プレマックは1978年のこの論文を〝再考する〟と題した論文を発表することになります。チンパンジー（あるいはヒト以外の動物）の「心の理論」はきわめて限定的なものでしかないと主張を修正したのです。[※2]その背景には、ヒト幼児における「心の理論」研究の発展がありました。そこで次に、ヒト幼児を対象とした「心の理論」研究を紹介します。

誤信念課題——「考えと現実がズレている」ことが理解できるか

芥川龍之介の短編小説『藪の中』を原作とする映画『羅生門』（黒澤明監督）では、殺人事件をめぐる証言の食い違いが描かれています（「真相は藪の中」といいますね）。

この映画にある通り、ひとつの現実について人々は異なる見方をとります。心は現実を映す鏡ではなく、現実とは異なる場合があるのです。これを誤信念（誤った信念）といいます。ここでいう信念（belief）とは、「私は信念をもって闘う」というときの信念、つまり「正しいと強く信じる考え」ではなく、単に「考え」あるいは「アイデア」を指します。幼児期の「心の理論」研究は、この誤信念に関する理解を中心として発展してきました。

誤信念理解をみる課題にはいくつもの種類がありますが、そのなかで最もポピュラーなものがサリーとアン課題です。[※3] その手続きを図22に示しました。

サリーはボールをカゴに入れたのですが、不在にしている間にアンがボールをカゴから箱に移動させたというストーリーです（不意の移動）。実験対象者である子どもはこの過程をすべて見ているので、ボールが現在、箱の中にあることを知っています。一方のサリーはボールが移動したときにはその場にいなかったので、ボールがどこにあるかを知りません。つまり誤信念をもっているわけです。そこで子どもに対して、戻ってきたサリーが「ボールを探すのはどこか？」と質問します。正しい答えは「サリーはカゴを探す」ですが、3〜4歳児の多くは「サリーは箱を探す」と答えます。[※4] 4歳頃までの子どもは、誤信念課題において信念と現実とがズレているという理解をしにくいのです。

チンパンジーもまた4歳までの子どもと同じように、サリーとアン課題のような誤信

図22　サリーとアン課題
（マイケル・シーガル著『子どもの知性と大人の誤解』37ページをもとに作成）

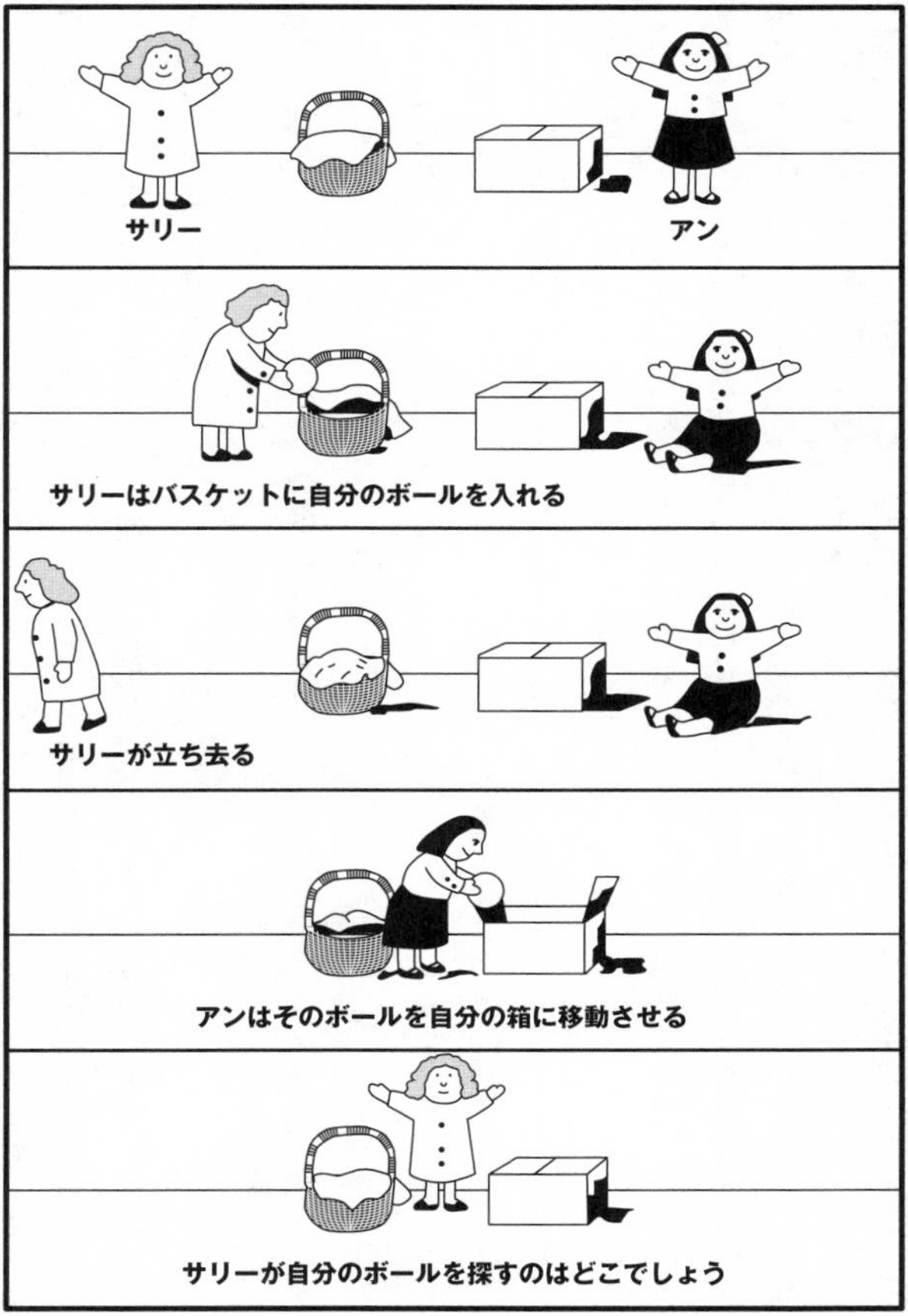
サリー
アン
サリーはバスケットに自分のボールを入れる
サリーが立ち去る
アンはそのボールを自分の箱に移動させる
サリーが自分のボールを探すのはどこでしょう

念課題では正しく答えることができません。そのために、プレマックは1988年にそれまでの主張を撤回したのです。[※2] ただし、視線行動を指標とする課題を使った場合、チンパンジーを含む大型霊長類もまた、他者の誤信念を察知しているかのような結果も認められており、[※5] 議論が続いています。

誤信念課題と関連する能力——実行機能と言語能力

誤信念課題でのパフォーマンスは、どのような能力と関連するのでしょうか。これまでに明らかになっているもののひとつは、実行機能（executive function）です。実行機能とは行動のプランをたて、そのプランに照らして不適切な反応を抑制しながら行動をコントロールし、課題を遂行していく認知機能です。

実行機能課題と誤信念課題でのパフォーマンスには高い相関が認められており、実行機能課題で正しく（素早く）反応できる子どもは、サリーとアン課題でもサリーの誤信念を答えることができます。[※6] なお、実行機能は第6章で詳しく解説していますので、そちらを参照してください。また、実行機能と「心の理論」の関連性については、日本語で読むことのできる解説として郷式[※7] によるものがあります。

言語能力もまた、誤信念課題でのパフォーマンスと強い関連性が認められています。

研究にはメタ分析という手法があり、これは過去に独立して実施された複数の研究結果をあわせて分析し、より信頼性の高い結果を得ようとするものです。誤信念課題と言語能力との関連性を検討した１０７の研究（対象となった子どもの総数は８８９１名にのぼる）をメタ分析したところ、語彙や統語（文の構造）などの言語能力が誤信念課題のパフォーマンスを予測することが示されました。[※8] つまり、高い言語能力を有していた子どもは、のちに誤信念課題に正答しやすかったのです。

しかし、なぜ言語能力が誤信念課題でのパフォーマンスと強い関連性をもつかについては議論が続いています。[※9] 言語能力は誤信念課題を理解するためにそもそも必要であり、一般的に年齢があがるほど高くなることから、両者の関連性はある意味、当たり前のようにも思われます。

一方、子どもの言語能力ではなく、母親の言語の使い方が子どもの誤信念課題でのパフォーマンスと関連することも知られています。母親が「〇〇を知っている」「〇〇が欲しい」「〇〇だと感じる」など、欲求や感情、思考といった心的状態を表す言葉を使うほど、その子どもは誤信念課題を通過しやすいというのです。[※10 11] これらの結果は、心に関する理解の発達に言語環境が大きな役割を果たすことを示しています。

文化差——日本語の言語的特徴から考える

誤信念課題を通過する年齢には文化差が認められています。前述したメタ分析の手法を用いて77の論文データを分析した研究[※4]では、誤信念課題を通過する平均月齢が図23のようにまとめられています。図の縦軸は値が高いほど通過する子どもの比率が高いことを意味し、横軸は月齢を表しています。

月齢が高くなるほど通過率が高くなること、そしてその変化の状況（グラフの線の傾き）は共通していることがわかります。しかし、誤信念課題を通過する平均月齢をアメリカやイギリスと比較すると、韓国は同程度、オーストラリアとカナダはそれより早く、逆に日本はそれより遅いことがわかるでしょう。44ヶ月児でみた場合、アメリカの子どもの通過率は50％でしたが、オーストラリアは69％、日本はそれより低く、40％にとどまりました。

なぜ日本の子どもは諸外国の子どもと比べて、誤信念課題を通過する時期が遅いのでしょうか。その理由についてはいくつかの説がありますが、前述のように、誤信念課題でのパフォーマンスが言語環境による影響を大きく受けることをふまえると、日本語の言語的特徴がその一因と考えられています[※12]。

日本語では、「昨日、高校の同級生と映画を見に行ったよ」のように主語が省略され

図23　誤信念課題を通過する平均月齢の文化差
（Wellman et al., 2001をもとに作成）

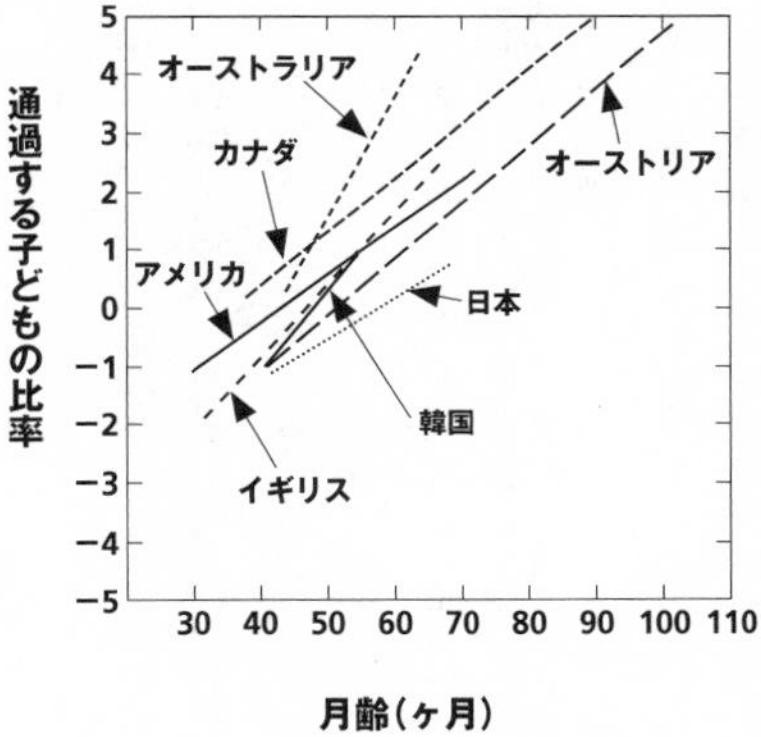

ても違和感はありません。また、「考える」といった心的状態を表す言葉も、あまり使われません。日本の子どもは、行為者が誰であるのか、どのような心の状態にあるのかが明確に表現されない言語環境に身を置いているため、心に関する理解が遅れるのではないかというのです。

2　乳児を対象とした誤信念課題

言語を用いない誤信念課題――1歳3ヶ月児が他者の誤信念に気づく

早くに誤信念課題を通過する文化でも、3歳前の子どもにとって誤信念課題がかなり難しいことに変わりはありません。しかし、誤信念に関する理解を馴化法（第1章参照）を用いて検討したところ、15ヶ月（1歳3ヶ月）児でも他者の誤信念に気づいているという衝撃的な結果を報告した研究があります。

この研究[※13]では、乳児の前で誤信念課題と構造が同じ場面を演じて見せました（図24）。まず、登場人物Aがおもちゃのスイカを黄色の箱に入れます。その後、Aが見ていない間にスイカが緑色の箱に移されます。Aはスイカの移動を見ていないので、この時点で誤信念をもつことになります。したがって、もしこのあと、Aがスイカを取り出そうとするなら、黄色の箱に手を伸ばすはずです。

この研究では、Aが黄色の箱に手を伸ばす場面と、緑色の箱に手を伸ばす場面を乳児に見せました。第1章で述べたように、馴化法は期待背反法とも呼ばれており、期待し

図24　言語を用いない誤信念課題で使われた場面
（Onishi & Baillargeon, 2005をもとに作成）

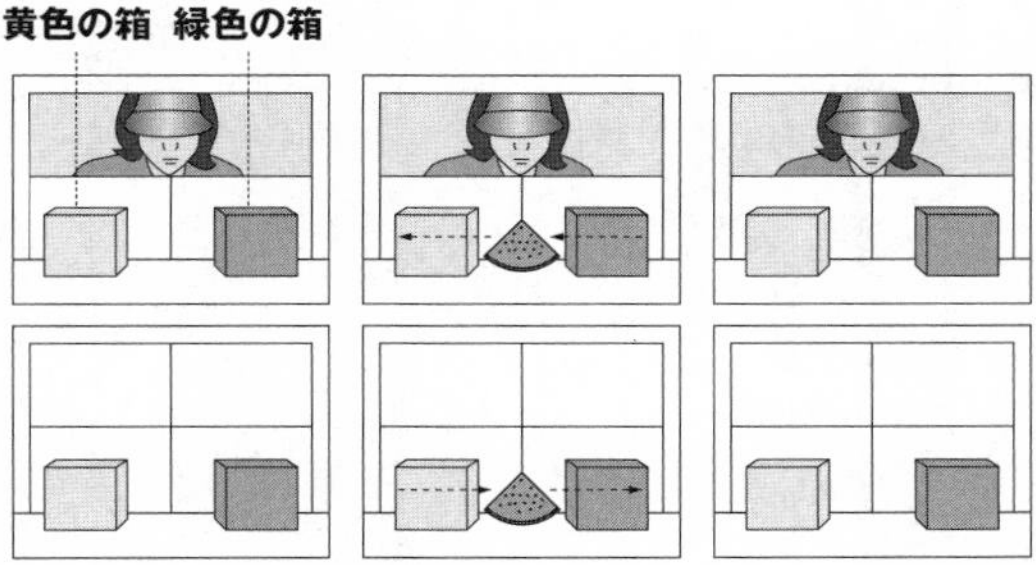

おもちゃのスイカが黄色の箱から緑色の箱に移される。

スイカの移動を知らない登場人物が箱に手を伸ばす。

ていた（予測していた）ことと異なる結果が生じると、注視時間は長くなります。

もし乳児がAの誤信念に気づいていたのであれば、Aは黄色の箱に手を伸ばすと期待する（予測する）はずです。そのため、この期待に反する場面、つまり緑色の箱に手を伸ばす場面について注視時間が長くなると考えられます。実験の結果は、これを支持するものでした。つまり、15ヶ月の乳児でも他者の誤信念に気づいているといえるのです。

コミュニケーションと誤信念——複雑な状況でも見抜く1歳6ヶ月児

乳児は状況が多少複雑になっても、他者の誤信念に関する気づきを示すことができます。ある研究[※14]では、18ヶ月児を対象として、先の研究同様、馴化法を用いて次のような実験を行いました（図25）。

登場人物Aの前にはふたつの入れ物があり、Aはおもちゃを一方の入れ物（箱）に入れます。このあと、Aが不在にしている間に、おもちゃは別の入れ物（カップ）に移されます。Aが戻ってくると、おもちゃの現在の場所を知っている人物BがAにおもちゃの場所が変わったことを伝えます。正しい場所を知っているBとの間でコミュニケーションがとられれば、Aの誤信念は解消されます。この状況をコミュニケーションあり条件と呼ぶことにします。

図25　3つの条件による誤信念の実験
（Schulze & Buttelemann,2022をもとに作成）

一方、コミュニケーションなし条件では、おもちゃの正しい場所を知っているBはAにそのことを伝えません。また不完全なコミュニケーション条件では、おもちゃの正しい場所を知っているBがおもちゃの場所を話している間、Aはどこかに行っており話を聞くことができません。そのため、おもちゃの場所に関する情報はAに伝達されません。

乳児が各条件におけるコミュニケーションの成立状況を含めて他者の誤信念を理解しているのであれば、乳児はどのような反応を示すでしょうか。

登場人物Aが誤信念をもち続けているコミュニケーションなし条件と不完全なコミュニケーション条件では、乳児は、Aがお

図26　コミュニケーションなし条件、不完全なコミュニケーション条件、コミュニケーションあり条件における注視時間（Schulze & Buttelemann,2022をもとに作成）

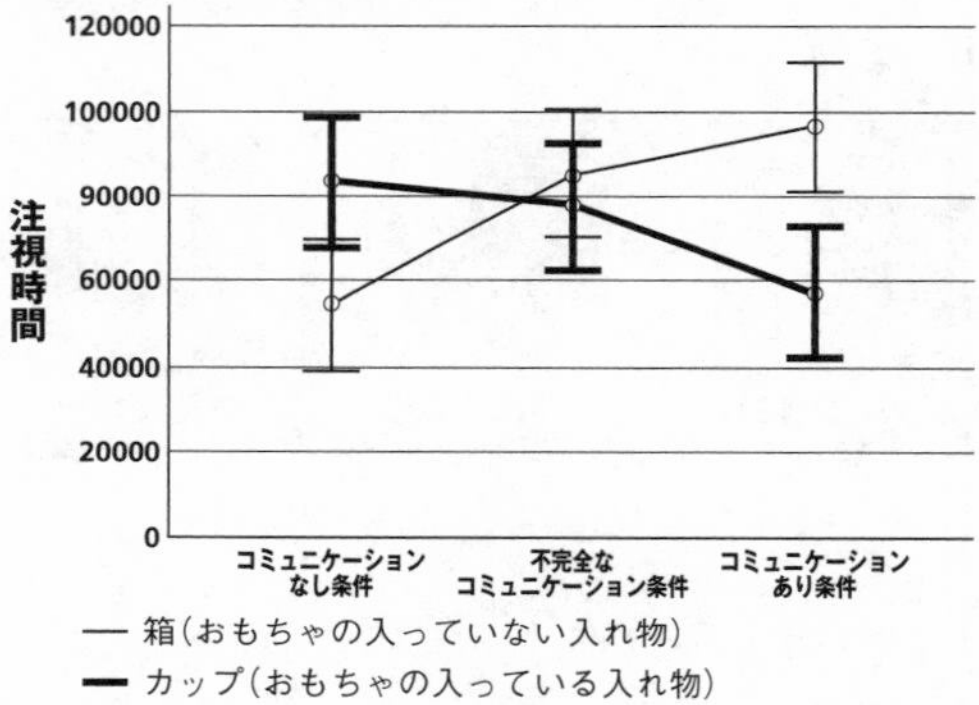

もちゃの入っていない入れ物に手を伸ばすと期待するはずです。そのため、この期待が裏切られる場合、つまりおもちゃの入っている入れ物に手を伸ばした場合、注視時間は長くなるはずです。一方、誤信念を解消したコミュニケーション条件では、Aはおもちゃの正しい場所を知っているので、乳児はAがおもちゃの入っていない入れ物に手を伸ばした場合、長く注視するはずです。実験結果を図26に示しました。

不完全なコミュニケーション条件では、注視時間に差が認められませんでしたが、コミュニケーションなし条件では、Aがおもちゃの入っている入れ物（カップ）に手を伸ばした場合、逆にコミュニケーション条件では、Aがおもちゃの入っていない入れ物（箱）に手を伸ばした場合、注視時間が長くなりました。つまり、Aに正しい情報が与えられれば、誤信念が解消されることを、18ヶ月児は的確に見抜いたのです。

誤信念課題再考——実験のための実験をしていないか

このように、1歳児でも、言語を用いない課題であれば他者の誤信念に気づいているかのようなパフォーマンスを示します。

では、子どもは3歳になっても、なぜサリーとアン課題のような誤信念課題では正しく答えられないのでしょう。いい方を変えれば、誤信念課題は一体、子どものどのような能力を測定しているのでしょう。

前述のように、誤信念課題との関連性が認められている認知能力には実行機能や言語能力があります。このうち実行機能は誤信念課題に限らずどういう場面でも、適切に行動するためには必要なものといえます。

たとえば、部屋を片付けているときに懐かしい写真が出てきたとしても、片付けをやり遂げるためには写真を見て感傷にふけることは短時間にとどめなければなりません。また、子どもに限らず大人でも、自分だけが知っている「本当のこと」を誰かに話したいという衝動をもっているものですが、サリーとアン課題で正答するためには、実行機能を働かせ、この衝動を抑えなければなりません。

一方の言語能力も、正答に至るあらゆる段階において必要とされる能力です。実験者の教示を理解するために、そして自分の考えを実験者に伝えるために、子どもは言語を正しく理解・産出する力を備えている必要があります。このように考えていくと、誤信念課題は心に関する理解ではなく、心理学実験を通過するために必要な能力を測定していた、といえなくもありません。

この点を鋭く指摘したのが、認知科学者である佐伯胖です。[※15]佐伯は「心の理論」研究の進展にともなって、誤信念課題のひとつであるスマーティー課題（スマーティーというチョコレート菓子のなかに、チョコレートではなく鉛筆が入っている場面を見せ、誤信念に関する理解を調べる課題）に修正が加えられていく過程を紹介し、[※16]心の理解を検討するはずだった課題がどこかで「調子が狂って」しまい、『「自分が考えたこと」を無理矢理想起させる』[※17]ものになってしまったのではないかと指摘しています。

研究では、先行研究で使われた課題に修正を加えて実施することがよくあります。誤信念課題についても、たとえば3歳児が正答できないのは質問の意図を取り違えたからではないかといった可能性を排除するためにあれこれと修正が繰り返されてきました。

その結果、「スマーティーのチョコレートが描かれた絵を郵便ポストに入れる」のように、なぜそうしなければならないのかまったく意味のつかめないことを子どもに要求することにもなりました。こうなると、実験のための実験をしている感が否めなくなります。

3　自閉症児の「心の理論」

自閉症児の特徴

「心の理論」研究は、定型発達児だけでなく自閉症児を対象としても発展してきました。自閉症、アスペルガー症候群といった言葉を聞いたことがある方は多いと思います。アメリカ精神医学会の診断基準ＤＳＭ-5[※18]では、自閉症やアスペルガー症候群を自閉スペクトラム症（ＡＳＤ：Autism Spectrum Disorder）と統合しており（本書では「自閉症」という表現を用います）、その診断基準を次のように定めました。

①複数の状況で社会的コミュニケーションおよび対人的相互反応における持続的欠陥があること、②行動、興味、または活動の限定された反復的な様式がふたつ以上あること、③発達早期から①、②の症状が存在していること、④発達に応じた対人関係や学業的・職業的な機能が障がいされていること、そして⑤これらの障がいが知的能力障がい

（知的障がい）や全般性発達遅延ではうまく説明されないことです。[※19]

自閉症といえば『レインマン』のダスティン・ホフマンの名演が記憶に残りますが、自閉症者（児）は他者に関心を示さず、ひとり遊びを好み、モノに関心を向ける傾向があります。ミニカーをきれいに並べることはあっても、「ブーブー、ハッシャしますよー」などと、ごっこ遊びをすることはありません。言語獲得は遅く、その過程で語が消失する（一度獲得した語を発話しなくなる）ことも多くあります。また、コミュニケーションの道具として言語を用いる能力は著しく制限されており、隠された意図やメッセージを読み取ることも不得手です。

マインド・ブラインドネス――「心が見えない」

こうした症状をもつ自閉症を、「心の理論」の欠損だと主張したのが、バロン＝コーエン（S. Baron-Cohen）です。彼はプレマックらがチンパンジーの「心の理論」に関する論文（「チンパンジーには心の理論があるのだろうか？」）を発表した7年後に、「自閉症児には心の理論があるのだろうか」という論文を発表しました。[※20]

この研究では、精神年齢が5歳5ヶ月の自閉症児（平均生活年齢：11歳11ヶ月）と精神年齢が同程度あるいはそれ以下のダウン症児（平均生活年齢：10歳11ヶ月）、定型発

図27　サリーとアン課題の通過率
（Baron-Cohen et al.,1995をもとに作成）

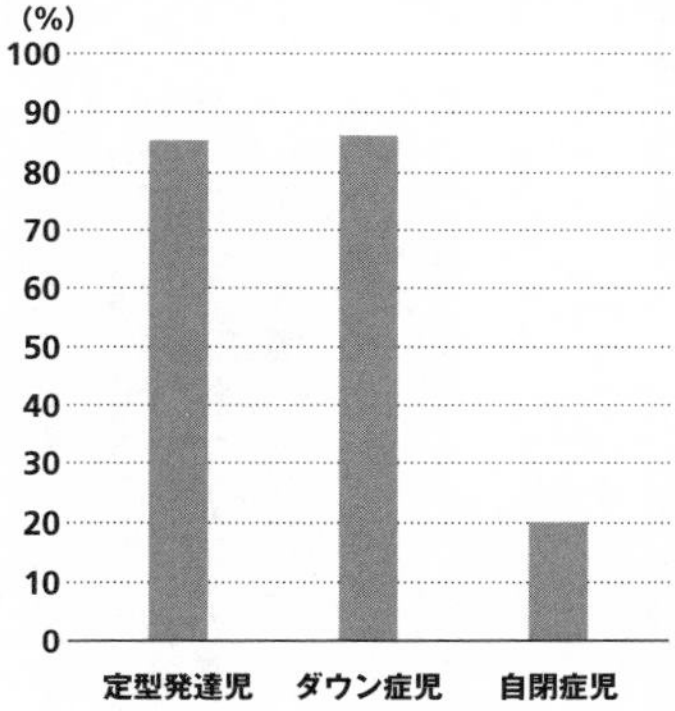

達児（平均生活年齢：４歳５ヶ月）を対象として、サリーとアン課題を実施しました。

ダウン症は独特な顔立ち（顔の起伏が少なく目がつりあがっている）を特徴とする染色体異常（21番染色体が３本ある）の障がいですが、対人関係は良好で、愛嬌があり友好的という特徴をもっています。

図27に定型発達児、ダウン症児、自閉症児それぞれのサリーとアン課題の通過率を示しました。定型発達児とダウン症児については それぞれ80％を超えましたが、自閉症児については、逆に通過しなかった子どもが80％に及びました。

これらの結果を受けて、バロン＝コーエンは１９９５年に『自閉症とマインド・ブラインドネス』というタイトルの著書を発表しました。これを直訳すると「心盲」、つまり「心が見えない」という意味になります。自閉症は脳の機能障がいによって「心の理論」が欠損しており、「心が見えない」としたのです。

先の「2　乳児を対象とした誤信念課題」で述べたように、定型発達児の場合、言語を用いない誤信念課題を使えば、乳児でも他者の誤信念に気づいていることが示されています。しかし自閉症児は、この種の課題でも他者の誤信念に関する理解を示しません。ある研究[※21]では、ともに生活年齢が7歳の自閉症児と定型発達児を対象として（言語的精神年齢は6歳と9歳）、言語を用いない誤信念課題とサリーとアン課題（登場人物の名前は変更）を実施しました。その結果、どちらの課題においても、自閉症児は定型発達児ほどには課題を通過しませんでした。ただし、言語能力が同じレベルの自閉症児と定型発達児を比較した場合には、両者の差は認められなくなりました。

「心の理論」の欠損？

確かに自閉症児は、心の理解に大きな困難を抱えているようにみえます。しかし、そのことだけで自閉症の症状すべてを説明できるわけではありません。

たとえば、自閉症児の誤信念課題の通過率は20％だったと報告されていますが[※20]、ということは、この20%の子どもたちは他者の誤信念に気づいていたということになります。それでも、彼らは自閉症特有の症状を示すのです。また、自閉症に特徴的な症状である常同行動（顔の前で手をひらひらと振るというような動作）などは、心の理解や対人関係に関するものではありません。

前述のように、誤信念課題でのパフォーマンスは実行機能や言語能力と関連します。このうち実行機能については、自閉症児は一般的に脆弱であることが知られています。1980年から2016年までに行われた235の研究（対象者数は自閉症児6816名、定型発達児7265名）をメタ分析した研究※22では、実行機能のすべての領域について（概念形成、認知的柔軟性、流暢さ、プランニング、反応抑制、ワーキングメモリ）、またすべての年齢層において（12歳まで、12～18歳、18歳以上）、自閉症児と定型発達児との間に、統計的に意味があるほどの差が認められています。自閉症児が誤信念課題で正しく答えられないのは、この課題で必要とされる実行機能の弱さに起因するのかもしれません。

サリーとアン課題と、言語を用いない誤信念課題を自閉症児と定型発達児に実施した研究※21では、言語能力を統制すると両者の差が認められなくなることを先に紹介しました。言語能力が同レベルの自閉症児と定型発達児を対象として誤信念課題を実施すると、一次的誤信念に関する理解にも二次的誤信念（後記）に関する理解にも差が認められなくなるという報告もあります[※23]。自閉症児の言語能力と誤信念課題については、語彙年齢が6歳レベルまでは課題をなかなか通過しないものの、8〜9歳レベルを超えると半数以上が、さらに10〜11歳レベルでほぼすべての子どもが通過するようになるともいわれています[※24]。

これらのことから、自閉症児における誤信念課題でのパフォーマンスの低さは、必ずしも心に関する理解そのものによるものではないといえるでしょう。

4　嘘をつくこと

嘘とは——高度な認知能力が必要

嘘をつくことは悪いことだと考えられています。子どもが嘘をつくようになると、まるで子どもの心が汚れてしまったかのように思う人もいるかもしれません。しかし、嘘をつくことは、高い認知能力を必要とするものなのです。

嘘をつくとは、一般的には「事実と異なることを話す」とされています。母親に「今日、幼稚園で絵本を読んだの？」と聞かれた子どもが、本当はそうしたのに「ううん、してないよ」と答えたら、嘘をついたと思われるかもしれません。しかし、この子どもが絵本のことをすっかり忘れていたなら、あるいは、絵本を読んでいたときに友だちが泥団子をつくっているのを見て、それがとてもうらやましくて、つい自分も泥団子をつくった気分になって、「絵本じゃなくて、泥団子をつくったの」と答えたなら、嘘といえるのでしょうか。

嘘は次の3点を満たしている必要があります。[※25] 第一に、発言内容が事実と異なっていなければなりません。絵本を読んだのに「泥団子をつくったの」と答えることは、この点では嘘になります。第二に、発言内容が事実と異なっていることを話し手は知ってい るものの聞き手は知らないことに、話し手が気づいていなければなりません。そして最後に、話し手は聞き手に「発言が事実である」と信じさせたい意図をもっていなければなりません。これらが満たされて初めて、「泥団子をつくったの」という発言は本当の意味での嘘になります。これらのうち第二の要件は、まさに誤信念の理解にあたります。

つまり、本当の嘘をつくためには「心の理論」が必要なのです。話し手である自分の信念と聞き手である相手の信念が食い違っていることを理解し、かつ「聞き手が何を知っていて何を知らないのか」を推論し、その食い違いをうまく利用できなければ、本当の嘘をつくことはできません。そのような意味で、嘘をつくとは高度な認知能力を必要とします。こうしてみると、子どもの嘘に対する見方が変わりませんか？

嘘の発達——子どもは上手な嘘がつけるようになる

嘘に関する研究では、誘惑抵抗課題（temptation resistance paradigm）が使われます。この課題では、まず子どもに何が入っているかわからない箱を見せます。実験者は子どもに「箱の中にはおもちゃが入っているんだよ」と伝え、その直後に一時的に部屋を不在にします。実験者は「用ができたから、ちょっとの間、部屋を出るね。でも待っててね。私が戻ってくるまで箱の中を覗いちゃだめだよ」と子どもに指示します。

実験では、この指示を子どもがどれだけ守れるか、いい換えれば「箱を開けておもちゃを見てみたい、遊んでみたい」という誘惑にどれだけ耐えられるかをみます。

この分野の先駆的研究を行ったルイス（M. Lewis）らの研究では、[※26] 対象となった3歳児33名のうち29名（88％）が指示を破って箱の中を覗きました。そして部屋に戻ってきた実験者が「箱の中、見たかな？」と聞いたところ、箱を覗いた29名のうち11名（38％）が「見てないよ」と嘘をつきました。

この状況で嘘をつく子どもは年齢があがるほど多くなり、4～7歳になると大半の子

誘惑抵抗課題で嘘をつく場面。

どもが嘘をつきます。[※27]ただ嘘をつくだけではありません。上手な嘘をつけるようになります。

　たとえば、先の課題で「見てないよ」と答えたにもかかわらず、そのあとで実験者から「箱の中には何が入ってた？」といったひっかけ質問をされると、3～5歳児の多くは「バーニー！」（アメリカの子ども向け番組のキャラクター、紫色の恐竜）などと答えてしまいますが、6～7歳になると、自分がついた過去の嘘（「見てないよ」）にあわせて「知らないよ」としらを切れるようになるのです。

　このとき、嘘をつくことと誤信念課題でのパフォーマンスには関連性が認められています。3～5歳児に誤信念課題と誘惑抵抗抗課題を実施し、誘惑抵抗課題で嘘をつくこと（嘘つき行動：おもちゃを見たのに「見てないよ」と答えること）と、嘘を隠蔽すること（隠蔽行動：「どんなおもちゃだった？」というひっかけ質問に「知らないよ」と答えること）との関連をみたところ、誤信念課題を通過する子どもは嘘をつきやすいことが示されました。[※28] ただし、隠蔽行動との間には関連性が認められませんでした。

小学生の嘘を検討した研究では、隠蔽行動と二次的信念の理解との間に関連性が認められています。[※29] 一次的信念とは、サリーとアン課題のような誤信念課題で検討している信念（「サリーはボールがカゴに入っていると考えている、とアンは考えている」）です。一方、「サリーはボールがカゴに入っていると考えている」という一次的信念の外側に、もうひとつ「Bは…と考えている」のように、「Aは…と考えている」が加わると（「Bは（Aは…と考えている）と考えている」）、二次的信念になります。二次的信念が理解できるようになると、相手が自分の心をどう思っているかについてまで考慮できるようになるのです。

ホワイトライ――相手を思いやっての嘘

嘘のなかには、相手を思いやっての嘘もあります。これはホワイトライと呼ばれています。たとえば、遠方からのお客さんが、お土産をもってきてくれたとします。わくわくしながら包みを開けてみたのですが、中身は嫌いなお菓子でした。このとき、「これ、嫌いなんだけど」と正直に伝えることは礼儀に反します。私たちはたいてい、こうした状況では「これ、好きなんです」と、相手を傷つけないよう嘘をつきます。プレゼントが気に入らなくても、そんなそぶりを見せず「ありがとう、これ好きなんだ」と嘘をつくことは、３～７歳の約９割の子どもに認められます。※27

中国で行われた研究※30では、３、４、５歳児を対象として、ホワイトライをつくこととさまざまな能力の関連性が検討されました。取り上げられたのは、情動的「心の理論」(emotional theory of mind)、共感性、実行機能、そして誤信念理解（サリーとアン課題）です。

ここで、情動的「心の理論」という新しい言葉が入ってきました。その説明をするために、情動的「心の理論」を調べる課題を紹介しましょう。

まず、実験対象者である子どもにオレオの箱を見せ、「何が入っていると思う？」と聞きます。子どもは当然、「オレオ！」とか「クッキー！」などと答えます。その次に、リリー（人形）がやってきます。実験者は子どもに、「リリーはオレオが大好きなんだよ。でもね、今はお腹がすいてないから、遊びに行くことにしたんだって」と伝えます。

そしてリリーはその場を離れます。リリーが遊びに行っている間に、実験者は子どもの前でオレオの箱を開けてみせます。すると、オレオの箱の中にはおもちゃの石が入っていました。次に、実験者が石を箱に戻したところで、リリーが帰ってきます。ここで実験者は子どもに質問します。「リリーは箱の中身を知りません。おやつの時間になりました。リリーはお腹がすいてます。この箱をリリーにあげたらリリーは喜ぶかな？」誤信念理解の課題では、この場面で「リリーは箱の中に何が入っていると思うかな？」と聞きますが、情動的「心の理論」課題では、リリーの信念ではなくリリーの情動について聞くのです。正答は「喜ぶと思うよ」です。

この研究で情動的「心の理論」課題とは別に行われたホワイトライ課題で、嘘をついた子どもは46％（53／115）でした。ホワイトライをついた子どもとつかなかった子どもを比較したところ、ホワイトライをついた子どもはつかなかった子どもよりも情動的「心の理論」課題でのパフォーマンスが高いことが示されました。しかしこうした差は、ほかの課題（「心の理論」課題や実行機能など）では認められませんでした。ホワイトライをつくかどうかは、相手が考えていることを推測できるかどうかよりも、相手の気持ちを推測できるかどうかがカギとなるようなのです。

5　分配と「心の理論」

最後通牒ゲーム・独裁者ゲーム――分配行動の検討

「心の理論」との関連性が検討されている日常的な行動には、分配行動（分けること）もあります。

分配行動とは自分がもっている資源を他者に分け与えることで、近年、行動経済学分野で多くの研究が行われています。[※31] 分配行動の検討では、最後通牒ゲームや独裁者ゲームなどが使われます。ゲームの名前を聞いたことがある人もいるかもしれません。

最後通牒ゲームは次のような手順で行います。まず、実験者は実験対象者Aにお金を渡します。たとえば、1000円を渡すとします。次に、実験者は、相手Bにその1000円を分けるよう指示します。ただし、1000円のうちいくら分配するかはAが自由に決めることができます（分配額の提案）。そしてその提案を受諾するかどうかはBが自由に決めることができます。もしBがAの提案を拒否すれば1000円全額が没収され、AもBも取り分はゼロになってしまいます。こうした設定のなかで、AがB

図28　最後通牒ゲームでの平均分配量

（小林,2021,図2-7,p.34をもとに作成）

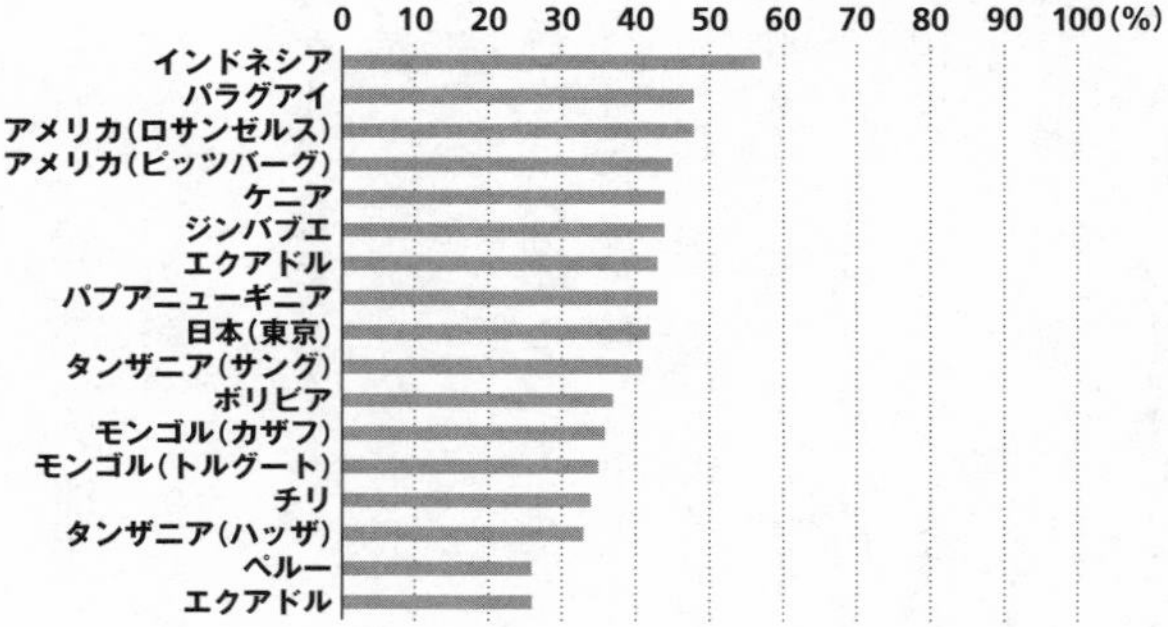

にいくらの金額を分配するかをみるわけです。

大人を対象とした研究では、分配額はほぼ半額になります。ただし、図28のように文化差も報告されており、ペルーやエクアドルのように、相手に3割程度しか分配しない文化もあれば、インドネシアのように相手に多く分配する文化もあります。3割しか分配しない文化では、相手に少ししか分けなくても、それが許容されているとみることができます。

逆に、相手に多く分配する文化では、よほど気前がよいのか、それとも相手に多く分け与えないと拒否されるという恐れが強いのか、いくつかの解釈が可能でしょう。ちなみに日本はちょうど中間あたりに位置しています。

最後通牒ゲームでは、BはAの提案を拒否できますが、独裁者ゲームではBはAの提案を拒否できません。Aは文字通り独裁者として、分配を思い通りに決めることができるのです。とはいえ、特に何も条件をつけない場合、Aは独裁者なのだからすべてを自分のものにしてもよいはずなのに、やはり半額程度を分配します。とはいえ、誰が分配したのかなどがまったくわからない状況にすると、分配はより独裁者的になり、Aが独り占めする傾向が強くなります。[※31]

分配行動の発達――相手が仲間なら平等に分け与える

では、子どもはどのように分配するのでしょうか。子どもは自己中心的だから独り占めする傾向が強いと思う人もいるかもしれません。しかし、お菓子が自分の前に4つあり、相手の前にはひとつもないという状況では、1〜2歳児の約半数は相手にお菓子を分配します。[※32]

また1歳から2歳の間に、より自主的な分配が行われるようにもなります。18ヶ月児は相手が何もしなければ3割弱の子どもしか分配しませんが、相手が悲しそうな顔をしたり「欲しい」と明確に要求したりすれば、分配する子どもは6割以上になります。し

かし24ヶ月児になると、たとえ相手から要求されなくても、分配する子どもは8割程度まで増えるのです。[※33]

大まかにいえば、幼児期においては年齢があがるほど平等分配が好まれるようになります。ただし、この発達的変化は分配相手が自分の仲間であった場合に限られます。相手が自分と同じクラス・同じ学校・同じ出身などであると（内集団といいます）、そうでない相手より、人格も能力も優れていると思い込み優遇すること、つまりひいきすることを内集団バイアスといい、これは広く大人一般に認められています。この内集団バイアスは、3歳から5、6歳にかけて、分配行動にも顕著に示されるようになるのです。

ある研究では、[※34] 3〜4歳児・5〜6歳児・7〜8歳児を対象として、自分と相手の取り分が1：1の場合と1：0の場合のどちらか一方を選んでもらいました。

このふたつの選択肢では、どちらを選んでも自分の取り分は1、一方、相手の取り分は1か0になります。自分の取り分は1で変わらないのだから、相手に1を分けてもいいように思われます。

実際、分配相手が自分の仲間である場合、1：1の平等分配を選ぶ子どもは3〜4歳でも6割以上にのぼりました。そして、年齢があがるほど平等分配を選ぶ子どもは多くなりました。しかし分配相手が自分の仲間でなかった場合には、どの年齢でも平等分配を選ぶ子どもは、仲間であった場合より2割程度少なくなりました。相手が自分の仲間でなければ、相手の取り分によって自分が損するわけでもないのに、相手に何も分け与えなくてもよいと判断する子どもが多くなるのです。

分配相手が仲間であるときとそうでないときの分配行動の差は、平等分配か総取りかを選ぶ場面ではより大きくなります。

自分と相手の取り分が1：1の場合と2：0の場合のどちらか一方を選んでもらうと、分配相手が仲間のときには年齢があがるほど平等分配を選ぶ子どもが多くなりますが（3〜4歳児では1割以下、7〜8歳児では5割程度）、分配相手が仲間でないときには、逆に平等分配を選ぶ子どもが減るのです（3〜4歳児では2割程度、7〜8歳児では1割以下）。幼児期から児童期にかけて、相手が仲間なら平等に分け与えるものの、仲間でないのなら自分が総取りしても構わないと考える傾向が強くなることがわかります。[※35]

分配行動と「心の理論」——自分に有利な分配をしがちな子どもの特徴

このように、分配行動に関する検討は、相手にいくつ分けるかというシンプルな課題であるものの、発達について興味深い知見をもたらしています。そしてこの分配行動は、誤信念理解との関連性が認められています。

図29　最後通牒ゲームの課題で使われた装置
（Takagishi et al.,2010をもとに作成）

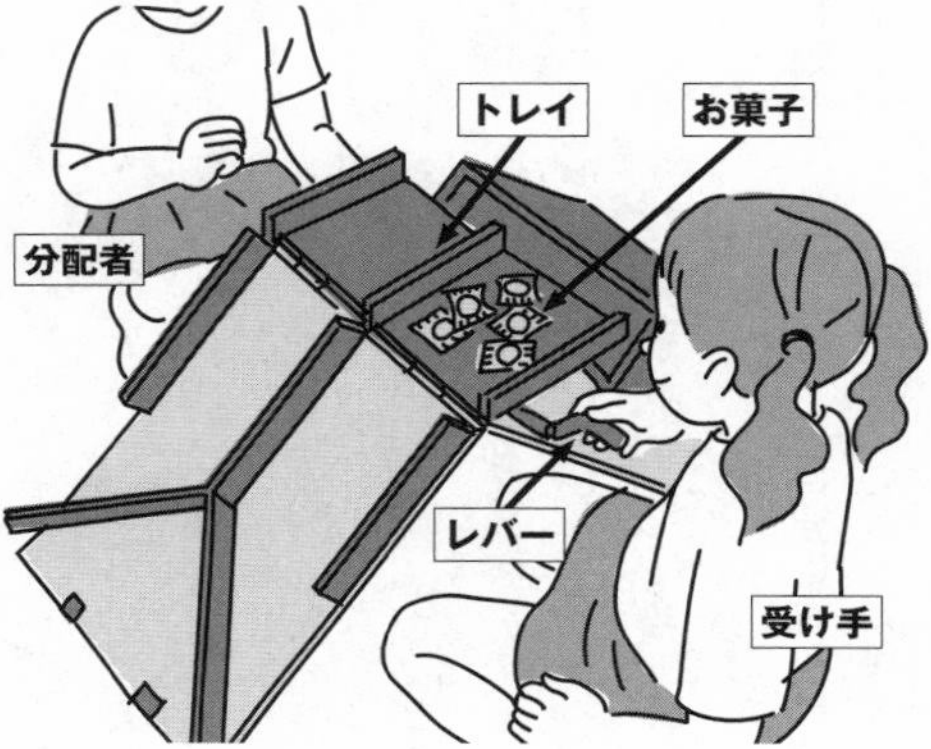

日本の4～5歳児を対象とした研究[※36]では、最後通牒ゲームとサリーとアン課題を実施しました。その際、幼児でも最後通牒ゲームのルールを理解できるよう、図29のような装置が使われました。

装置の向こう側に座っている子どもが分配者（分配方法の提案者）、手前に座っている子どもがその受け手（提案を拒否するか受け入れるかを決める者）です。分配者はお菓子10個を相手にいくつ分配するかを提案します。受け手は手元のレバーを操作し、提案を受け入れるか拒否するかの態度を示します。受け入れれば分配者のトレイにお菓子が入りますが、拒否すればすべてのお菓子が黒い箱に回収される仕組みとなっています。こうした装置を使えば、子ど

図30　サリーとアン課題の通過者・非通過者における、分配した個数ごとの子どもの人数
（Takagishi et al.,2010をもとに作成）

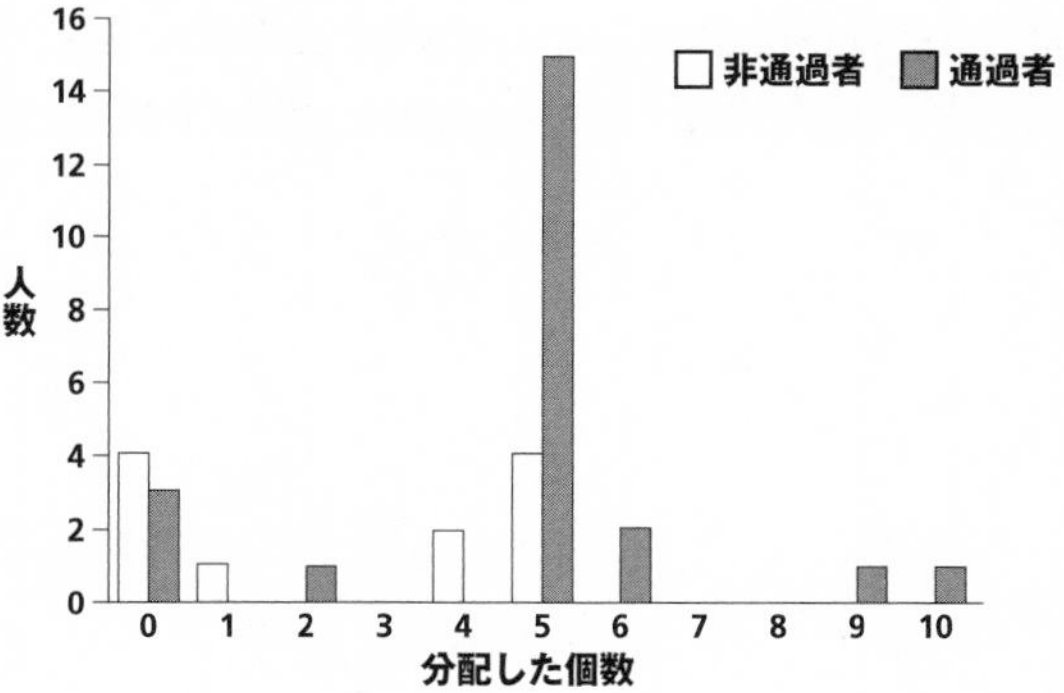

もは楽しみながら実験に参加でき、実験への高いモチベーションを維持できます（よいデータをとるためにはかなり重要です）。

サリーとアン課題では、分配者となった34名のうち23名（68％）がサリーの誤信念を正しく答えることができました。図30に、サリーとアン課題を通過した子ども（棒グラフの右側）と通過しなかった子ども（左側）の何人が、相手にいくつのお菓子を分け与えたかを示しました。この結果を、人数ではなく比率で示したものが図31です。

お菓子10個のうち半数の5個を分配した子ども、つまり平等分配した子どもは、通過者では65％（15／23）でしたが、非通過者では36％（4／11）にとどまりました。

また、自分より相手に多く分配した気前の

図31　サリーとアン課題の通過者・非通過者における、分配した個数ごとの子どもの比率
（Takagishi et al.,2010をもとに作成）

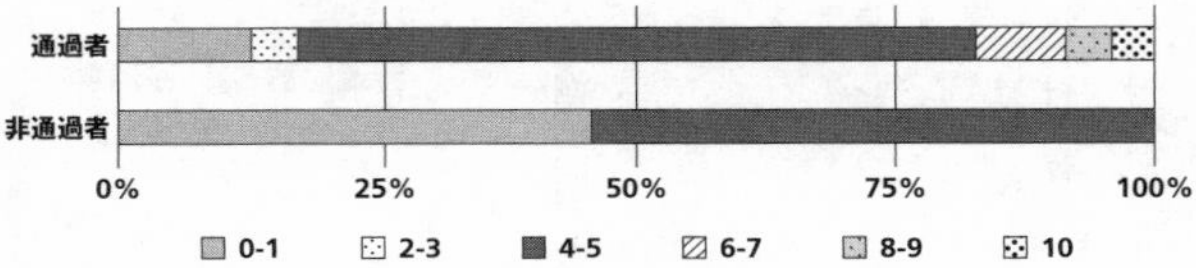

よい子どもは通過者では17％（4／23）でしたが、非通過者では誰もいませんでした。逆に相手にまったく分配しなかった独裁者的な子どもは通過者では13％（3／23）にとどまりましたが、非通過者では36％（4／11）となりました。現実と他者の誤信念のズレ、自分の信念と他者の信念のズレに気づきにくい子どもは、他者に資源を分配する際、自分に有利な分配をしがちであることがわかります。

前述したように、誤信念課題（サリーとアン課題）を通過するためにはどのような能力が必要なのか、誤信念課題は子どものどのような能力を測定しているのか、現在でも検討が続けられています。嘘や分配といった子どもの日常的行動と「心の理論」

の関連性を示す研究結果は、誤信念課題が幼児期の発達の重要な側面を拾い上げていることを示唆しています。

ヒトの食物分配——自ら分け与えるのはなぜか？

最後に、ヒトの分配行動の特徴を食物分配についてみていきます。私たちは温泉旅行のお土産として温泉まんじゅう、着任・離任の挨拶としてちょっとしたお菓子など、日常的にさまざまな食べ物を分配しています。しかし、他者（他個体）に食物を分配することはヒトに限ったことではありません。

たとえば、鳥類では親鳥がその子に、求愛中の雄が雌に食物を分配します（給餌する）。しかしこの分配は生物学的必要性に駆られたものです。ヒトと最も近縁で、多くの認知的特徴を共有するチンパンジーでも、他個体に自らすすんで食物を分配することはありません。それなのにヒトは、分配しなければ相手が死んでしまうわけでもないのに、また他者（他個体）から要求されてもいないのに、自ら食物を分配します。[※37] 私たちヒトはなぜこのようなことができるのでしょうか。

ヒトの食物分配は、発達的には９ヶ月前後に発現します。[※38] 養育者に離乳食を食べさせてもらっていた乳児が、養育者からスプーンを取り上げ、養育者の口に離乳食を食べさせるような形で人生最初の食物分配が行われます。

9ヶ月という時期は共同注意(母親が指さしたリンゴに子どもが視線を向けるように、対象に対する注意を他者と共有すること)や社会的参照(たとえば安全かどうかなど、乳児が自分では判断できない不確かな状況において、他者の表情などを手がかりとして、振る舞い方を決めること)など、他者との関係のあり方が大きく変化する時期にあたります。そのため、この時期は「奇跡の9ヶ月」[※39]とも呼ばれます。

では、この時期には何が起きるのでしょうか。子どもと世界とのかかわり方には二項関係的かかわりと三項関係的かかわりがあります。

発達的には生後9ヶ月頃に、二項関係的かかわりから三項関係的かかわりへと変化すると考えられています(第1章参照)。三項関係的かかわりが成立すると、共同注意や社会的参照といった行動もみられるようになるのです。これらの行動は「心の理論」の先駆的行動と考えられています[※39]。

食物分配におけるヒトとチンパンジーの違いは、この点にあります。共同注意や模倣行動などの検討から、チンパンジーは三項関係的かかわりがヒトより弱いことが知られています[※37]。そのため、食物と他者を前にすると、食物にばかり注意がいってしまい、自分と同じようにその食物に関心を寄せ、食べたいと思っている他者の存在、あるいは他者の心に注意が及ばないようなのです。逆にいうと、ヒトは他者の心に思いを馳せることができるので、自ら食物を分け与えることができるのです。

まとめ

「心の理論」に関する検討は1978年のプレマックらの論文に始まり、以来四半世紀以上、発達心理学の主要な研究テーマとなってきました。

本章で紹介した研究はその一端に過ぎませんが、ここでみてきたように、「心の理論」は他者を騙すこと、他者を思いやっての嘘をつくこと、さらには他者に分け与えることなど、ヒトらしい行動と深く関連しています。「心の理論」研究がこれだけ盛んであるのは、「心の理論」の探究が社会的動物といわれるヒトの本質に迫るものであるからでしょう。

第5章

物の世界をどう理解しているか

第1章では、乳児は誕生直後からヒトの身体に特別な関心を向け、ヒトとのコミュニケーションを積極的に行う様をみてきました。一方で、彼らは物にも強い関心をもち、非常に早期から物の性質や動きについての理解を示します。本章では、物の世界についての理解を取り上げ、乳児期から大人に至るまで、その理解がどのように発達していくかをみていきましょう。

1 乳児期の素朴物理学——基本的物理法則について

保育園にマジシャンがやってきたときのことです。コインに布をかけて呪文を唱えると消えてなくなったり（対象永続性法則の違反）、箱の中にいたはずのウサギがシルクハットから出てきたり（連続性法則の違反）、魔法の杖を振ると舞台の端にある箱がガタガタ動いたり（接触法則の違反）、人間の子どもが宙に浮いたり（重力法則の違反）といった手品が次々と披露され、会場は盛り上がります。

さらに、さまざまな色のハンカチを空のシルクハットに入れて、かき混ぜてから引っ張り出すと1枚の大きな虹色の布に変わったり、1枚の虹色の布をひらひらさせてみてから一瞬で7枚の布に分離したり（凝集性法則の違反）。幼児から保護者まで、「えー！

どうして？」とか「すごい！」などの悲鳴と拍手で大騒ぎ。

「起こりうること」と「起こりえないこと」を区別できるのはいつ頃か

なぜ私たちは手品に驚き、楽しむことができるのでしょうか。目の前で繰り広げられる不思議な現象が現実には起こりえないと固く信じているからでしょう。マジックショーは、普段は私たちの意識にさえのぼらないさまざまな基本的物理法則（エピソード中に傍線で示しました）に気づかせてくれ、私たちは物理法則を確信しているからこそ、手品を楽しめるというわけです。

それでは現実の物の世界において起こりえることと、起こりえないことを区別することは、いつから可能になるのでしょうか。つまり、基本的物理法則はいつ頃理解されるようになるのでしょうか。前述のエピソードから、少なくとも手品をある程度楽しめる幼児期には理解されていることが推測されます。しかし近年の乳児研究では、それらが生後数ヶ月の時期にはすでに理解されている可能性を示しているのです。

基本的物理法則についての乳児の理解は、素人が日常経験のなかで構成する素朴な知識体系という意味を込めて、素朴物理学と呼ばれることがあります。本節では、乳児の素朴物理学研究の例を取り上げ、紹介しましょう。

対象の永続性法則の理解——「見えなくても物は存在し続ける」

マジックショーでは布の下や箱の中などに隠した物が消失するといった事態を見せられることがしばしばあります。こうした事態に私たちが驚くのは、「物は視界から消えても存在し続ける」という対象の永続性法則を有するからです。対象の永続性は物の世界についての理解の基盤となるという意味で、最も基礎的な法則であるといわれています。この理解がなかったら、私たちは大変混乱した世界に住むことになるでしょう。

スイスの発達心理学者であったピアジェ（J. Piaget）の研究以降、長らく、この対象の永続性法則の理解は0歳代後半にならないと難しいと考えられてきました。乳児がお座りして楽しくおもちゃで遊んでいるときに、そのおもちゃをそっと取り上げて布の下に隠したらどうなるでしょうか。9ヶ月以前の乳児は、まるでそれがなくなってしまったかのように振る舞い、おもちゃを探すということをしません。

またおもちゃを探すことができるようになった赤ちゃんでも、しばらくA not B エラーという間違いを起こすことが知られています。

ある9ヶ月の子どもは、おもちゃを布の下に隠すと即座に取り出すことができました。これを数回繰り返したあと、その子の目の前でおもちゃを別の布の下に隠してみました。すると、相変わらず以前おもちゃを見つけた布の下を探すのです。これがA not B エラ

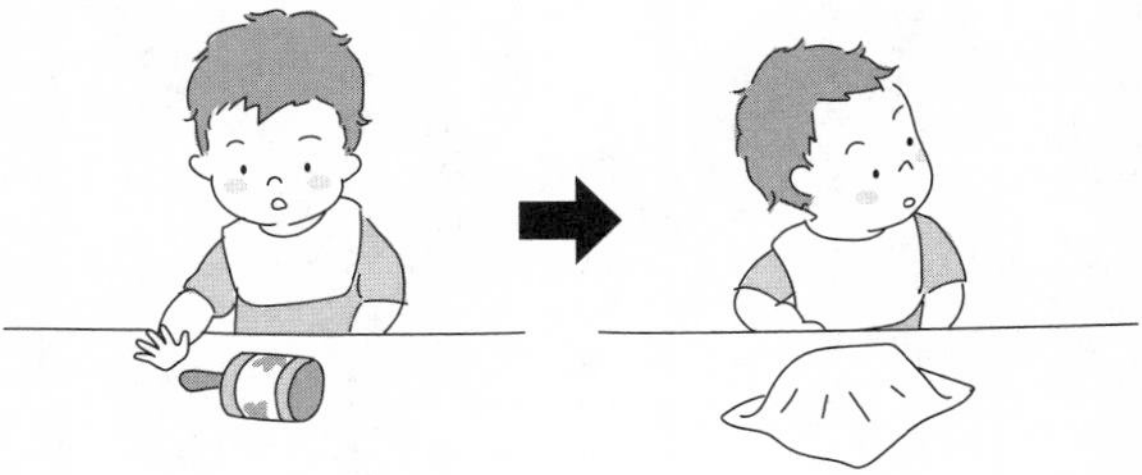

乳児は布でおもちゃを隠しても探すことはしない。

ーです。０歳代の子どもが身近にいる方はぜひこの課題を試してみてください。ピアジェは、自身の３人の子どもを綿密に観察するなかで、こうした事実に気づき、対象の永続性法則が理解され始めるのは０歳代後半からだと主張したのです。

　しかし、隠されたものを探すという行動をとること自体が、乳児にとってそれほど容易なことではないかもしれません。見えなくなっても存在することをわかってはいても、探すという探索行動をとることができないだけなのかもしれません。

　探索行動ではなく、注視を指標とした最近の乳児研究では、ピアジェの主張よりももっと早くから対象の永続性法則の理解が可能であることが示されています。

「起こりえない事象」に驚く乳児

乳児が対象の永続性法則を理解していることを最も巧妙に示した研究のひとつが、アメリカの発達心理学者ベイラージョン（R. Baillargeon）ら[※1]による跳ね橋実験です。

この実験は、第1章で紹介した馴化法を用いて実施されました。彼らは5ヶ月児に、跳ね橋のような回転板が手前から起き上がって向こう側に180度倒れる場面を繰り返し見せます（図32 a）。私たち大人も同じ刺激を繰り返し見せられると飽きてきます（馴化）が、乳児も同じです。その程度を注視時間で測定します（馴化すると注視時間が減少します）。

乳児がこの場面（馴化場面）に飽きてきたところで、別の場面（テスト場面）を見せます。実験条件では、2種類のテスト場面（「起こりうる事象（図32 c）」と「起こりえない事象（図32 b）」）を用意しました。どちらの場面でも、乳児の見ている前で、回転板の通り道に箱を置きます。そして、回転板が手前から起き上がり始めると、だんだん箱が隠れていき、回転板が床から90度になったところで、箱は完全に回転板に隠されます。

「起こりうる事象（c）」を見る条件に振り分けられた乳児は、回転板が手前から120度まで回転していき、そこで箱に触れて停止する場面を見ます。一方、「起こり

図32　跳ね橋実験：物の永続性の理解を調べる装置（実験条件）
（スレーター & クィン, 2017をもとに作成）

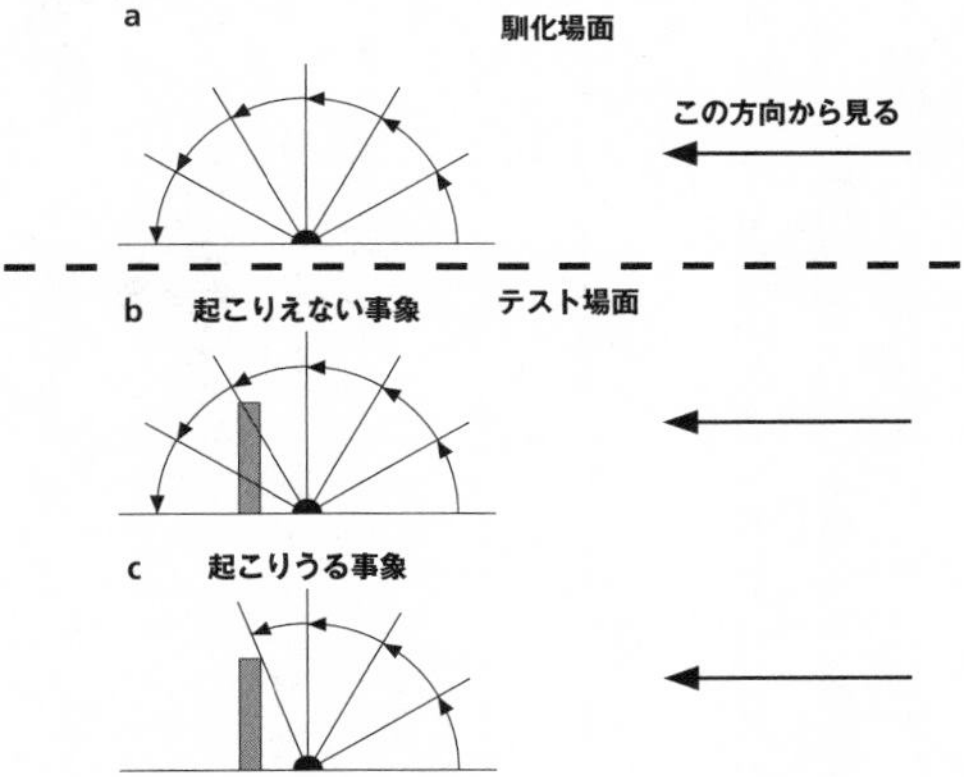

えない事象（b）」を見る条件に振り分けられた乳児は、回転板は箱があるにもかかわらず、まるでそれがなくなってしまったかのように、完全に向こう側まで倒れた場面を見ることになります（この場合、乳児には気づかれないようにワンウェイミラーなどの特殊な装置を使って、起こりえない事象を人工的につくっています）。さて、乳児はどちらの事象をより長く注視したのでしょうか。

回転板の動き方は、テスト場面の「起こりえない事象（b）」が馴化場面と同一であり、「起こりうる事象（c）」では回転板が途中で止まるので異なります。もし乳児が回転板の動き方に注目していたとしたら、動き方の異なる「起こりうる事象」の方を目新しく感じ、より長く注視するはずです。しかし、この予想とは異なり、乳児は前者の「起こりえない事象」をより長く注視しました。

この結果から、乳児は回転板の動き方の同一性よりも、物理的に起こりえるか否かという点に、つまり物理法則の逸脱に敏感であることがわかります。乳児は永続性法則に基づき、箱が回転板に隠れて見えなくなってもなくならないと理解しており、起こりえない事象はその理解から逸脱するものだったので驚いてより長く注視したと解釈することができます。

一方、乳児はもともと１２０度より１８０度回転の方をより長く見る傾向を有するという別の解釈を思いつく方もいらっしゃるかもしれません。この別の解釈は、統制条件で得られた結果から否定され、前述の解釈が正しいことが確かめられています。統制条件では、箱を回転板の回転経路ではなく、回転板の隣に置いて同様の実験を行いましたが、乳児に１８０度回転する方をより長く注視する傾向は見られませんでした。

後の同様の研究[※2]では、3ヶ月半および4ヶ月半の乳児の中にも永続性法則を理解している者がいることが示されています。また乳児は隠された物の存在だけでなく、隠された物の性質についてのイメージをもつことができるようで、回転板に隠された物体が圧縮可能な物であるかどうか（たとえばスポンジか木のブロックか）に応じて、回転板の

動きを予測することができるとの報告もあります。[※2]

このほかにも、さまざまな状況を設定した実験がベイラージョンらのグループやほかの研究者らによって実施されてきました。実験によって理解の出現時期に食い違いがあるものの、注視を指標とした乳児研究の結果に基づくと、概ね３～５ヶ月から６ヶ月の間には対象の永続性法則を理解しているといってよいでしょう。

「いないいないばあ」が楽しいわけ

「いないいないばあ」という遊びを皆さんはご存知でしょう。だいたい４ヶ月頃から、大人が「いないいないばあ」をして見せると微笑したり、発声や手足の動きで喜びを表現するようになります。[※3]「いないいないばあ」の楽しさは、一体どこにあるのでしょうか。顔と物の場合では違いがある可能性もありますが[※4]、ベイラージョンらの研究をふまえて想像すると、次のようにも考えられます。

乳児は「いないいない」の間も相手がいなくなったのではなくて隠れて見えていないだけと認識しているのでしょう。次の瞬間には「ばあ」の掛け声とともに、相手の顔が再び現れるのだと予想して、わくわくして待っているのかもしれません。そして「ばあ」のあとは、自分の予想が当たる面白さを経験しているかもしれません。乳児を対象とした実験結果をふまえながら一緒に遊ぶと、乳児の反応をみることがより楽しくなるでしょう。

物の動きについての理解

マジックショーでは、ある場所の箱の中に入れてあった物が、まるでワープしたかのように突然別の場所に現れるという事態を見せられることも多いでしょう。これに会場が大いに沸くのは、私たちが「物は時空間を飛び越えずに連続した経路を通って移動すること」「ひとつの物体が別の物体をすり抜けることはない」という連続性の法則を有するからです。

同様に、最初は互いに別個の物であったのに、合体してひとつの物として振る舞うとか、逆にひとつの物だったのに一瞬にして複数の物に分離する場面に驚いたりするのも、「物は固まりとしてまとまっている」という凝集性の法則にしたがっていると考えるからでしょう。また手元から離れたところにある物が、呪文や不可思議な動作によってひとりでに動き出す光景を見ても、私たちは驚きを隠せません。これも「離れている物どうしは作用しない（物は接触しなければ作用しない）」「物は接触するとお互いに影響を及ぼす（接触する物どうしは作用する）」という接触の法則を有するからです。

さらに、宙に浮く人間や物体を見せられて驚くのも「支えがなければ物体は下に移動する」という重力法則にしたがって世界を見ているからです。

これらはすべて物の動きについての基本的物理法則ですが、アメリカの発達心理学者スペルキ（E. Spelke）の研究グループを中心に乳児実験が数多くなされています。

これまでの研究成果のまとめによると[※5]、連続性の法則、接触の法則、凝集性の法則は、それぞれ時期は異なりますが少なくとも生後半年くらいまでに理解されるようになることが示されています。一方、重力法則については研究間の食い違いが大きいようです。スペルキは、前記3つの法則より理解が遅れ、8〜9ヶ月以降らしいと報告しましたが[※6]、もっと早期から獲得されるという報告もあります（たとえば※7など）。以下では、とりわけ獲得時期が早いとされている連続性の法則について検討したスペルキの実験を紹介しましょう。この実験も馴化法（第1章参照）を用いています。

生後2ヶ月半の乳児でも「連続性の法則」を理解している

スペルキら[※8]は、2ヶ月半の乳児を図33aのような事象に馴化させました。ボールが水平方向に転がってきてついたての背後に隠れて見えなくなりますが、壁板があるため、そこで止まることになります。止まったあとについたてを上げ、ボールが壁板のところ

図33　連続性法則の理解を調べる実験で用いられた装置
(Spelke et al.,1992をもとに作成)

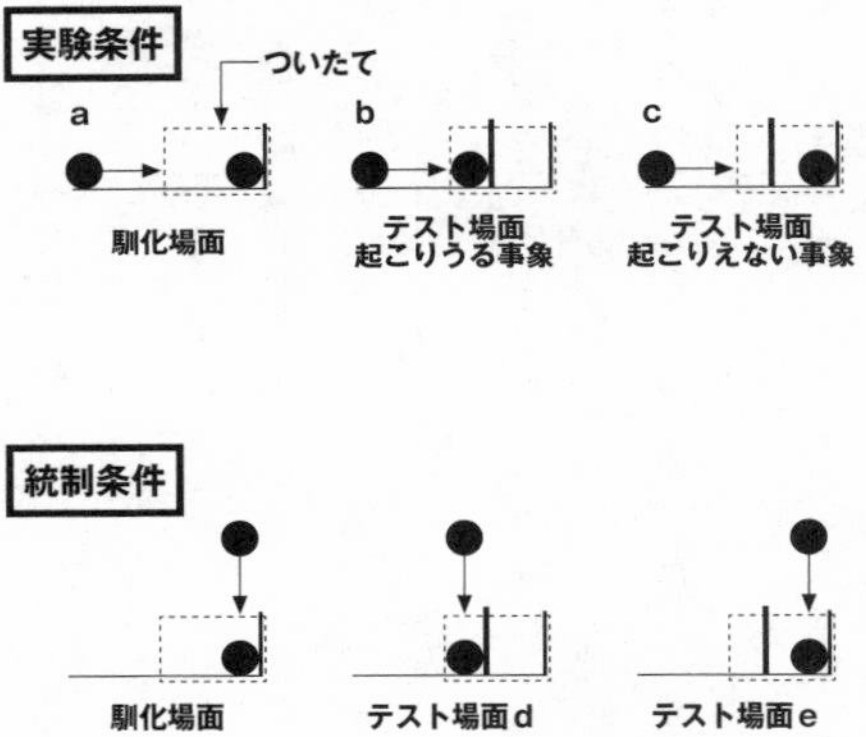

で止まっていることを乳児に示します。こうした事象を繰り返し乳児に見せると、次第に飽きてきて注視時間が短くなります(馴化〈a〉)。

馴化後のテスト場面では、ついたての背後に隠れたボールが、2枚ある壁板のうち手前の壁板のところで止まる事象(起こりうる事象〈b〉)と、あたかも1枚目の壁板を通り抜けて遠くにある壁板で止まっているように見える事象(起こりえない事象〈c〉)のどちらか一方を見せます。注視時間を比較すると、乳児は「起こりえない事象」の方をより長く注視することが示されました。2ヶ月半の乳児は連続性の法則にしたがって物の動きを予測するため「起こりえない事象」の方を不自然と感じ、驚いて注視したと解釈できます。

一方、乳児はもともとボールが2枚の壁板に挟まれた状態（起こりえない事象ではそのような配置になっていますね）の方をより長く見る傾向がある、という別の解釈を思いつく方がいらっしゃるかもしれません。この別の解釈は、統制条件（図33下段）で得られた結果から否定され、前述の解釈が正しいことが確かめられています。統制条件では、垂直方向から手でボールを所定の位置に置くという点だけが実験条件と異なります。この条件の場合、テスト場面においてテスト場面eの方をより長く注視する傾向はみられませんでした。

乳児期の素朴物理学の発達モデル——物理法則の理解をもって生まれる？

それでは、こうした物理法則はどのようにして獲得されるのでしょうか。ひとつの考え方としては、乳児自身が自分の手足を用いて繰り返し外界に働きかけることで、これらの法則を徐々に発見していくという想定ができるでしょう。

乳児の有能性が明らかになる以前は、ピアジェを中心として、そのような考え方が支配的でした。しかし、外界に働きかける身体能力を十分に発達させるのに先んじて、生後数ヶ月で物理法則を理解していることを示す近年の研究報告をみると、ヒトはこうした法則の理解をもって生まれるのではないかとさえ思えてきます。

スペルキ[※9]は、ヒトは物の世界についての理解を可能にする核となる知識（以下、核知識）をもって生まれ、発達とは生後に獲得されたほかの知識を核知識に付加していくことだと主張しました。獲得時期の早い連続性の法則、接触の法則、凝集性の法則は生得的な核知識であり、獲得時期の遅れる重力法則と慣性の法則（障害物がなければ物体は突然その動きを変えることはない）は後天的に獲得されるというのです。

しかしまた別の見方も提案されています。生得的なのは物についての知識ではなく、これらの獲得を可能にする高度な学習メカニズムだという考えです。ベイラージョンは、乳児は生まれつきの学習メカニズムを基盤にし、生後の経験を通して物理法則を学習すると主張しています。ここでは、こうした主張について、支えの関係理解についての研究を通してみていきましょう。

重力法則の理解について――「支えがないと物が落ちること」の実験

ベイラージョンらは、支えがないときに箱が落ちることを乳児が理解しているかどうか調べています[※10]。

図34を見てください。乳児に物理的に起こりうる事象（手で箱をプラットフォームの

図34　支えがないときに箱が落ちることの乳児の理解を調べる（Needham & Baillargeon, 1993をもとに作成）

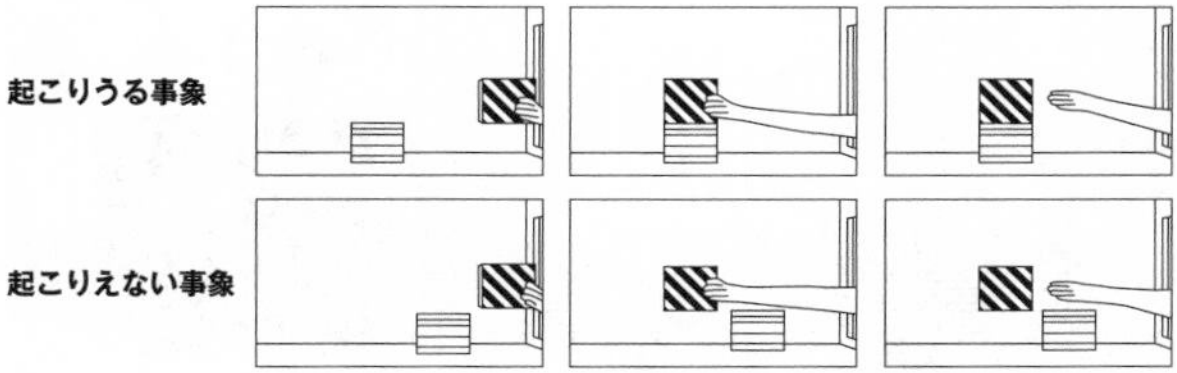

上にのせ離す事象）と起こりえない事象（手で箱をプラットフォームを超えて移動させ空中に浮かばせる事象）を見せたところ、４・５ヶ月児は後者の方を長く注視しました。

この実験は、乳児を対象とした実験ではおなじみの注視時間を指標とした実験法です。私たち大人は思いもよらない事態が生じたときに驚いて、そちらの方をしばらく見つめることがありますが、これは乳児も同じです。このことをふまえると、乳児は、物は支えがなければ宙に浮かずに落ちると考えていて、箱が宙に浮くという事態は思いもよらなかったため、乳児の興味を引いたのだろうと解釈できます。

なお、ふたつの事象の間では、箱とプラ

図35　箱がプラットフォームの横にくっついている場合
（Needham & Baillargeon, 1993をもとに作成）

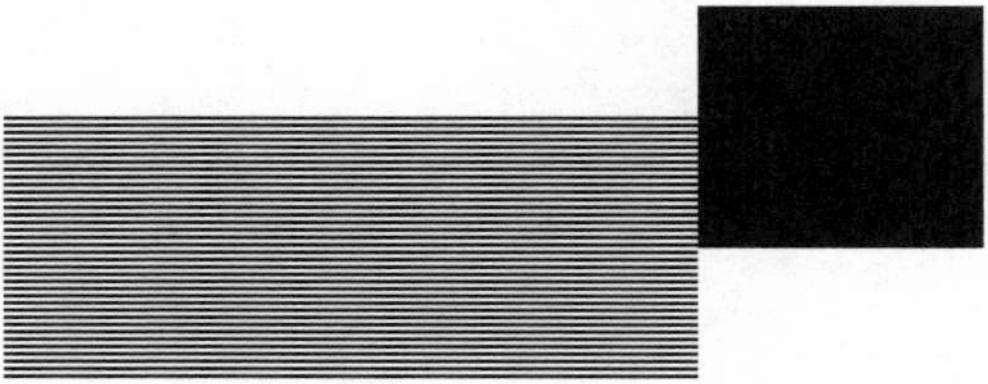

ットフォームの位置関係が異なります。乳児は重力に関する法則ではなく、この位置関係に注目したために起こりえない事象をよく見たと解釈する方もいらっしゃるかもしれませんが、別の乳児を対象に実施された統制条件において、この解釈は否定されています。

少し異なる手続きを用いた場合では3ヶ月児でも起こりえない事象を長く注視することが示されていることから、3ヶ月までには物は支えがなければ宙に浮かずに落ちることを理解しているとされています。しかし興味深いことに、この段階では箱がプラットフォームに何らかの形で接触さえしていれば（たとえば、図35のようにプラットフォームの横に箱がくっついている場

図36　箱がプラットフォームに十分にのっている場合とそうでない場合（Needham & Baillargeon, 1993をもとに作成）

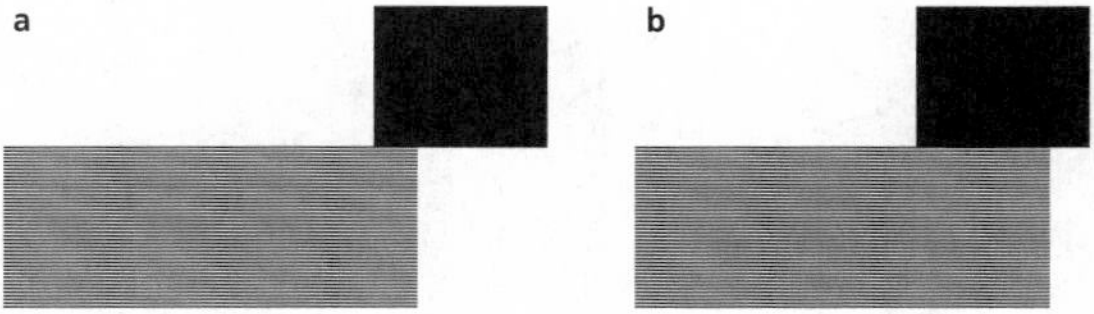

合）、下に落ちないと考えているようなのです。

その後、生後6ヶ月までの間にふたつの発達的変化が生じるらしいことがわかりました。まず接触タイプに注目するようになり、4・5ヶ月から5・5ヶ月までには、箱が上にのっているときのみ安定が維持されると認識するようになります[※11]。つまり図35のような事態では箱は落ちるけれども、図36のa、bふたつの事態では箱がプラットフォームの上にのっているので落ちないと考えるわけです。次に接触面積に注目するようになり、6・5ヶ月までには、箱がプラットフォームに十分にのっていない場合は落ちると考えるようになります[※12]。つまり図36のaの場合は箱が落ちるがbの場合は落ちないと考えるようになります。

このように乳児は、接触の有無という最も本質的な側面を反映した概念から出発し、その後、接触のタイプや程度といった変数も含む概念へと徐々に理解を精緻化させていくようにみえます。こうした研究成果をみると、乳児が早期から高度な学習メカニズムを働かせているのではないかという提案はもっとものように感じられます。

さらに、日本の発達心理学者・旦直子による、乳児の身体能力の発達やそれによる経験の変化が大きく関与するとの指摘[※5]も注目に値します。たとえば、お座りができるようになるのは生後6ヶ月くらいですが、仰向けで寝ているときと異なり、この姿勢は体軸と垂直軸（物体が落下する方向）が一致することになります。これは重力にかかわる現象理解に有効に働くことでしょう。こうした視点からの実証研究はまだ数少ないのですが、落ちるときの方向——物は斜め横ではなく真下に落ちること——の理解は、お座りの時期と重なることが報告されています[※5]。

とはいえ、乳児は基本的物理法則の理解をもって生まれるというスペルキの主張が完全に否定されたわけでもありません。少なくとも重力法則理解に限っていえば、生得性を仮定しなくとも説明がつくようですが[※5]、法則によっては獲得における経験の比重は異なることも、十分考えられます。物理法則理解にかかわる生得と経験がどのようにかかわっているのかについては、今後の検討が待たれるところです。

残された興味深い謎——「起こりうる世界」と「起こりえない世界」

以上みてきたように、生まれたばかりの乳児でも基本的な物理法則を理解しているようです。とすると、ごく幼い子どもでも大人と同様に手品を楽しめると考えたくなります。しかし、マジックショーの最中に子どもたちの表情や行動を詳しくみていくと、この考えに疑問符がつくのです。

就学する少し前の幼児期後期の子どもは、手品を見ると大きな驚きを示し、種を明かそうと身を乗り出したり、マジシャンに接触しようとしたりします。ところが、こうした表情の変化や種明かしのための行動は、年少児クラスの子どもではみられないことが多いようです。こうしたことは、日本の発達心理学者・富田昌平による、手品を5〜6名の幼児に見せる実験場面を設定し、その際の幼児の表情や探索行動などを観察分析した研究でも示されています。[※13]

乳児と幼児での実験結果の不一致を、どのように解釈すればよいのでしょうか。乳児や年少児は物理法則をある程度理解しているといっても、大人と同じように「起こりうる事象」と「起こりえない事象」という区別を十分にできないのかもしれません。せいぜい、ある事象が日常的に起こりうるか、(起こりうるけれども)稀にしか起こらないかというレベルで判断しているだけで、「起こりえない世界」というものが明確化していないのかもしれません。[※14]年少児が手品を見てもあまり驚かないのは、それを稀にしか起こらないけれども「起こりうる世界」の事象だと判断するからなのかもしれません。

一方、幼児期後期ともなると、日常経験を積むことで次第に「起こりうる世界」と「起こりえない世界」が分化し、手品を「起こりえない世界」の事象だと認識するからこそ楽しめるようになるのかもしれません。今後の検討が待たれる興味深い謎のひとつです。

さらにまだ大きな謎があります。近年の乳児研究の主流は注視時間を指標とした実験であり、これにより乳児の有能性の数々が明らかになってきました。しかし、探索活動を指標にした実験では異なる結果が得られることが少なくありません。すでに紹介したように、注視時間を指標として対象の永続性法則を調べると遅くとも生後6ヶ月くらいまでには理解されるとの結果が得られています。しかし9ヶ月くらいまでの乳児が、目の前にあるおもちゃに布がかけられると探せなくなってしまうことは、ピアジェ以降、繰り返し報告されている事実でもあるのです。こうした結果の不一致は連続性法則の理解でもみられることが指摘されています。[※15]なぜこのようなことが起こるかについて統一

見解は得られておらず、解明すべき謎として注目を集めています。※16 17 18

2　大人の「誤概念」の起源としての乳児期の素朴物理学

1節でみてきたように、生まれたばかりの乳児でも物の性質や動きについて直観的に理解していることが明らかにされてきました。こうした直観的理解をベースに、物の世界についての理解は年齢とともに豊かになっていくに違いありません。

しかしながら、年長の子どもや大人が必ずしも正しい物理的知識をもっているわけではなく、学校で物理学を教えられても変更することの難しい誤った概念として定着している場合も少なくありません。

これは科学の素人が日常経験の範囲内で構成する、科学的概念と対立する概念という意味から、誤概念と呼ばれています。素朴概念とか大人の素朴物理学と呼ぶこともありますが、ここでは乳児期の素朴物理学との区別、科学的概念との対立という点を強調するために誤概念と呼びたいと思います。

この節では、乳児期から大人までの物の世界についての理解がどのようにつながっているのかを、実証研究がある程度蓄積されている重力法則理解を中心として取り上げる

物理的知識を用いた「バケツにコインを入れる」ゲーム。

ことで描写していきます。そして、物の世界についての大人の誤概念の起源が乳幼児期にあるとの主張について考えてみたいと思います。

大人にみられる誤概念――正しい物理的知識をもっているわけではない

大人が必ずしも正しい物理的知識をもっているわけではないことを実感していただくために、まず次のようなゲームをやってみていただければと思います。

コインとバケツ（バケツの代わりになる入れ物であればほかの物でも構いません）を用意し、広い場所にもっていきましょう。バケツを床に置き、コインをもったままバケツの3、4メートル手前から上のイラス

図37　マクロスキーらによるボール落下課題で用いられた図版イメージ（McCloskey,et al.,1983をもとに作成）

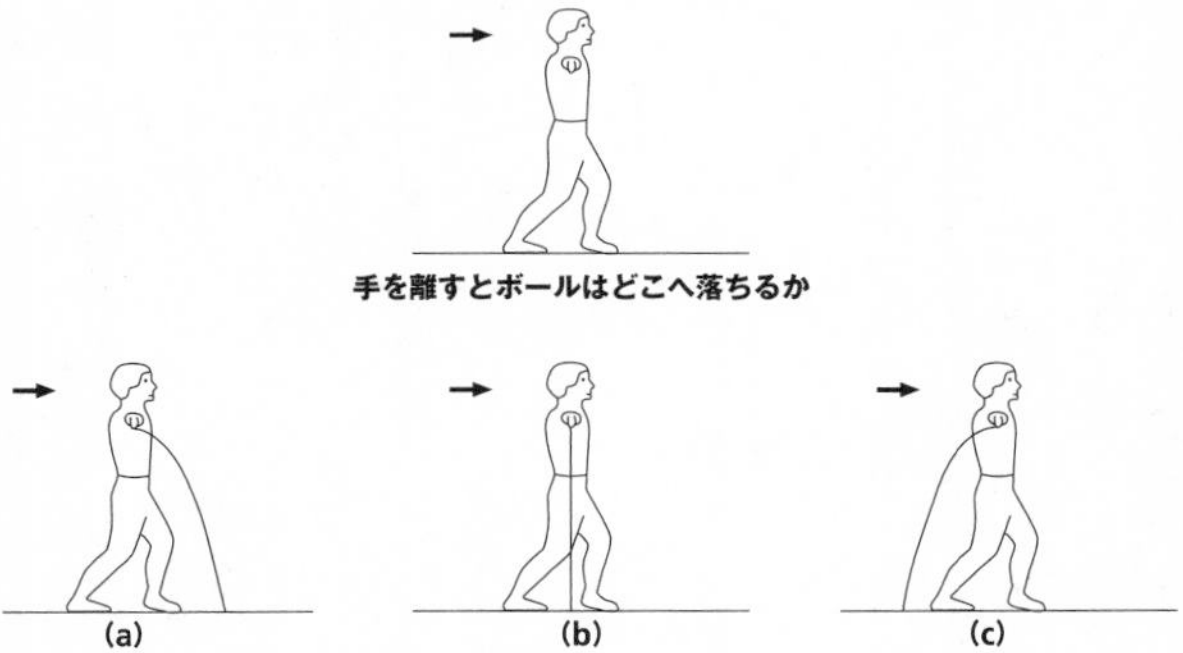

トのような格好で歩き始めます。なるべく同じ速度で歩き、手を振ったりなどせず、姿勢を維持したままバケツに近づきコインをバケツの中に入れてみましょう。

さて、うまくバケツにコインを入れることができたでしょうか。これはアメリカの認知科学者マクロスキー（M. McCloskey）[※19]らの実験状況を改変しゲームにしてみたものですが、おそらく、コインが前に行き過ぎて外れてしまった人は少なくないでしょう。

なぜこのようなことが起こるのでしょうか。ニュートン力学からすると、一定の速度で歩行中の人がもっているコインは、手から離した瞬間、同じ速度で前方に移動することになります。コインには重力がかかっているので、前方に放物線を描いて落下することとなります。しかし、多くの人は「物はまっすぐ落下する」という誤概念（以後、真下落下ルールと表記）に支配されているため、歩行中の人によって物体が落とされると、まっすぐ下方向に落下していくと考えるのです。そのためバケツのちょうど真上あたりでコインを手から離してしまい、うまく入らないというわけです。

実際の実験[※19]では、図37のようにボールを片手でもって一定の速度で歩いていきながら、ある地点でその手を離した場合、ボールはどの地点で落ちるのかを99名の大学生に質問しています。

その結果、（a）手を離した地点より前に落ちるとした者が45％、（b）手を離した地点に落ちるとした者が49％、（c）手を離した地点よりも後ろへ落ちるとした者が6％でした。正解は（a）なのですが、（b）を選んだ人も約半数おり、真下落下ルールを信じている人が多いことがうかがえます。これと同様に、飛行機から落とされた爆弾はどのような軌道を描くかを大人に尋ねてみても、まっすぐ下に落ちると答えることが多いのです[※20]。

このほかにも、物理に関する領域においては数多くの誤概念が明らかにされていますが、ここでは重力法則理解に関する有名な研究をもうひとつ紹介しましょう[※21]。

誤概念はどのように形成されるのか

この研究では、コインが上に向かって投げられて空中を上昇している時点のコインに働く力を矢印を用いて示すという問題をアメリカの理学・工学専攻の学生に解かせました。その結果、新入生の正答率は12％、力学の講義を受けた学生でも28％しか正答できなかったといいます。コインには重力による下向きの力しかかかっていないというのが正答ですが、多くの学生はコインには手からコインに伝わる上向きの力と重力による下向きの力のふたつの力が作用し、前者の方がより強いためにコインは上に押し上げられると答えるようです。つまり彼らは「運動している事物には運動方向に力が働いている」「力が加え続けられない限り物は運動しない」という誤概念をもっており、これを正すような科学教育を受けたとしても、修正できないというわけです。

興味深いことに、ここまで紹介してきた誤概念は、中世の物理理論と非常に類似しています。時代や文化を超えて、私たち人間にはこうした誤概念をつくり出す素地が備わっていることがうかがえます。

それでは、誤概念はどのようにして形成されるのでしょうか。私たちは、物の性質や動きに関する現象を日常生活のなかで幾度となく観察しているはずです。コイン投げ上げ実験[※21]の結果は、こうした日常経験から一般的な法則を抽出することにより誤概念が形成されるのではないかという予測を容易に生み出します。日常生活においては「力を加え続けないと重い荷物は動かない（実際は摩擦があるからですが）」など誤概念と一致する経験を幾度となくするからです。

しかしボール落下課題[※19]でみられた真下落下ルールについて考えをめぐらすと、そう単純にはいかないことに気づきます。この課題で示したような状況、つまり物が移動する物体から落下するのを目撃する際、我々は、真下落下ルールに一致するような現象を観察しているでしょうか。決してそうではないでしょう。経験から一般的な法則を抽出することにより生成されたものと単純に考えることは難しいでしょう。では、一体どのようにして誤概念はつくり出されるのでしょうか。

私たちは、経験を蓄積し、それを一般化することにより概念や知識を獲得すると考えがちですが、もしかするとそれは単純に過ぎる考え方かもしれません。[※22]誤概念の問題は、こうした根本的な問いを投げかけるものでもあるのです。

重力の誤概念――「重力エラー」の発生

近年、重力領域でみられる誤概念――特に「真下落下ルール」――に関しては、それが乳幼児期の素朴物理学に根差すのではないかという知見が集積しつつあります。

図38　難易度別のチューブ課題（Hood, 1995をもとに作成）

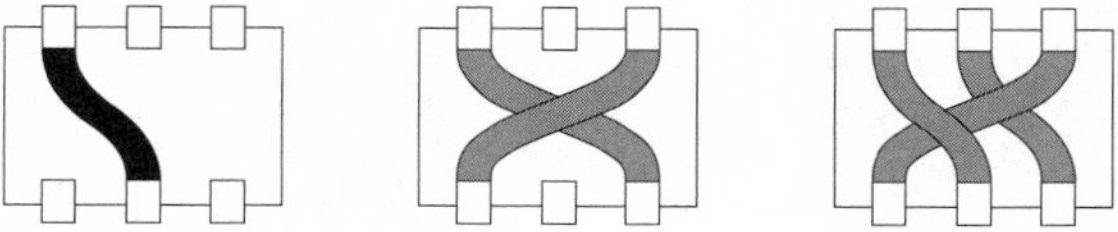

イギリスの発達認知神経科学者のフッド（B. M. Hood）は、図38のようなチューブ課題を考案し、ボールを３つのチューブのどれかに落とすところを２歳から４歳の幼児に見せ、複数並んだ出口のどこからボールが出てくるかを予想させました。[※23] チューブはすべて不透明で、互いに交差させて迷路のようになっており、チューブの数などにより課題の難易度を変化させることができるようになっています。

この実験の結果、２歳児はすべてのレベル、３歳児はレベルⅡとⅢに失敗し、４歳になると全レベルで正しいチューブの出口を予測できたといいます。ここで注目すべきは、子どもの示す失敗のパターンです。

フッドの分析によると、子どもの失敗は

ボールを離したチューブの入り口の真下の出口を探すというものが大半でした。そしてこの失敗は、透明なチューブを用いて何度も訓練したあとでも（透明なチューブでは、2歳の子どもでもボールをうまく見つけることができるのですが）、克服することが難しいのです。

入り口の真下を探すという行動は、明らかに連続性の法則と矛盾しています。すでに1節で述べたように、乳児でも連続性の法則を理解しているはずなのに、なぜそれに矛盾する予測をしてしまうのでしょうか。

フッドはこれを「重力エラー」と呼び、物はまっすぐ下に落ちるという重力の誤概念（真下落下ルール）を強く信じ、本来優先されるべき法則（ボールはチューブに沿って動く。ないしは連続性の法則）を抑えて予測を支配するために生じると主張し、追加の実験によりこの主張の妥当性を確かめています。[※24,25]

1節で紹介したように、この真下落下ルールについては、お座りという身体能力の獲得の時期に、物は通常、真下に落下することを理解するようになり、乳児期後半にかけて支配的なものに変化する可能性が高いようです。[※5]

何が発達するのか？——抑制機能の発達による葛藤の調整

以上のことから、大人の示す真下落下ルールの起源は、乳幼児期の素朴物理学にあり、乳児期のうちにほかの物理法則を圧倒するほどの支配力をもつようになるという可能性が考えられます。それではこの真下落下ルールは、大人の誤概念とどのようにつながっているのでしょうか。

フッドら[※26]は、そのカギを握るのが抑制機能の発達だと考えているようです。抑制機能とは、課題解決のために「なすべきこと」を明確にしつつ、解決には結びつかないけれども「したいこと」や「してしまうこと」を抑制する能力です[※27]。第6章で紹介する実行機能の中心的下位機能のひとつです。実行機能については、詳しくは第6章を参照してください。

抑制機能という観点からのフッドらの説明を紹介しましょう。すでにみたように、4歳になるとチューブ課題での重力エラーは見られなくなります。フッドらの考えによると、これは真下落下ルールの消失を意味するわけではありません。発達するのは、真下落下ルールの適用を抑制する機能であるというのです。

そのひとつの証拠として、チューブ課題をより複雑で認知的負荷の高いものに代える（異なるチューブの入り口から赤と緑のボールを同時に入れ、どちらかのボールを探すように求める）と、4歳半を過ぎた子どもでも再び重力エラーを示すことが確認されています。[※26] フッドらは、課題を複雑にすることで注意が分散されることによって、不適切な知識である重力エラーの抑制に失敗するのだと主張します。抑制機能は幼児期に発達し、前頭葉の成熟と関連があるとされています。[※16,27] オリジナルのチューブ課題において2～4歳の子どもに顕著な年齢差がみられたことも、抑制機能による説明と一致しています。

彼らの見解に基づくと、真下落下ルールは大人になっても残り、普段は休眠しているだけなのです。そして課題状況によっては、大人においても誤概念として再出現する（たとえば、本節の冒頭で紹介したコインゲームがうまくいかないように）と考えられています。

近年の研究では、抑制機能の発達による説明だけでは足りないことも指摘されています。「チューブがボールの動きを拘束する」というチューブの仕組みの理解がカギを握ること、このことの理解は2歳では難しいけれども3歳半の子どもであれば他者からの説明（ボールはチューブから抜け出すことができず、チューブの中を転がる）によって可能であり、その理解にともないチューブ課題の成績が向上すること[※28]などが示されています。さらには抑制機能の発達がこうした理解自体をあと押しすることも示されています。[※29]

３　天文学領域の概念発達――地球は丸い？　それとも平ら？

１、２節では、子どもは物の世界を理解するための枠組み――素朴物理学――を早期からもち、それは大人になっても消失してしまうわけではないらしいこと、科学的概念の理解を阻害する場合が少なくないことなどをみてきました。実はこの素朴物理学は、地球の形や昼夜サイクルなど、天文学領域についての子どもの概念にも大きな影響を及ぼすとの考えがあります。この主張の正当性をめぐって、論争が継続中です。

この節では、この論争を紹介することで、天文学領域での子どもの理解における素朴物理学や文化の役割、子どもの理解を調べる方法の妥当性について考えてみたいと思います。

地球の形について子どもはどのような考えをもつか

「地球はどんな形？」と聞かれて「丸い」と答えられるようになったのはいつ頃だったか覚えているでしょうか。

現代の日本では幼稚園・保育園の子どもでさえ「丸い」ことを知っているようです。[※30]

しかしさらに「ずっとまっすぐ歩き続けたら、どこにたどり着く?」「地球は丸いのに地面は平らなのはどうして?」などの質問をしたり、地球の描画をさせたりすると、子どもたちの「丸い」の解釈はさまざまであり、必ずしも大人と同じようには考えていないことがわかります。以下に示したのは、大人とは異なる概念をもつと思われるアメリカの小学1年生の子どもの面接の様子です。

調査者:ずっとまっすぐ歩き続けたら、どこにたどり着くと思う?
マシュー:地球の端に着くんじゃないかな。
調査者:地球の端に行けると思う?
マシュー:行けないと思う。
調査者:じゃあ、たくさん食べ物をもってずっと歩き続けたら?
マシュー:たぶん行けると思う。
調査者:地球の端から落ちると思う?
マシュー:落ちないよ。だってもし地球の外側にいたら落ちるかもしれないけど、僕たちは地球の内側にいるから落ちないと思う。

(※31より抜粋し翻訳)

図39　地球の形に対する子どもの概念
（内田伸子編『よくわかる乳幼児心理学』p.170 をもとに作成）

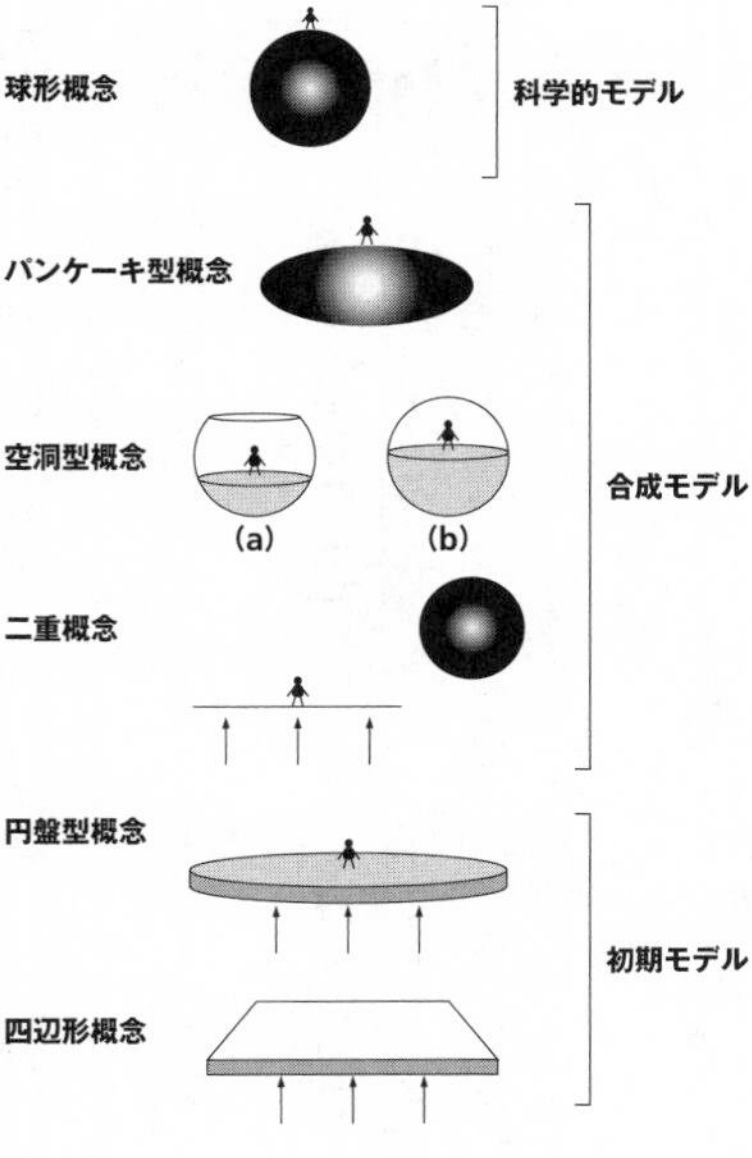

こうした自由回答形式の質問を多用した方法で、アメリカの小学1年生から小学5年生の子どもを調査したギリシャの発達心理学者ヴォスニアドウ（S. Vosniadou）の研究グループは、子ども独特の概念が少なくとも5種類あることを見出しました（図39[※32,33]）。前記のエピソードは、彼女らにより空洞型概念をもつとされた子どもの例です。

アメリカや日本などの先進国では、子どもはかなり早期から地球が球形であることを示す情報に触れる機会が多いといえます。それにもかかわらず、なぜ子どもは大人とは異なる概念をもつことがあるのでしょうか。

子どもが独特の考え方を示すのはなぜか——素朴物理学の働き

地球について子どもが大人とは異なる考えを示すのは、身近にある物の世界にあてはまる原理や規則性——素朴物理学——を地球にあてはめて考えるからというのがヴォスニアドウ[※31]による枠組み理論アプローチの主張です。

特にふたつの基本原理——「人が住んでいる大地は平坦である」「支えられない物は下に落ちる」——が科学的に正しいモデルである球形概念(図39)と矛盾しているという点で重要であるといいます。

子どもはまだ地球が丸いことを知らないときには、このふたつの基本原理をそのまま反映する初期モデル(図39)をもちます。その後、地球が丸いことを知ると、基本原理とのつじつまあわせを行い、合成モデル(図39)を構築するといいます。そして球形概念への変更が起こるためには、基本原理の修正が必要だというのです。

しかし子どもにとって、これらの基本原理を疑い、修正することはそれほど容易なことではないとヴォスニアドウは指摘します。これらの原理は、単独に存在するのではなく、素朴物理学という身近にある物の世界を理解するための大きな理論枠組みの中に組織化されていると考えられるからです。1、2節でみたように、この素朴物理学は、生後まもなくから働き、日常経験を組み入れながら内容の豊富化や整理が起こります。そして日常生活の範囲内ではとてもうまく働くため、その中に埋め込まれている基本原理に疑問をもつことは通常起こりにくいのです。したがって地球が丸いという知識に直面すると、基本原理を修正することなくつじつま合わせを行うために、合成モデル（図39）を構築すると主張しました。

このように地球の形の概念形成において、子どものもつ素朴物理学の作用を強調するというのがヴォスニアドウらの枠組み理論アプローチの特徴です。基本原理の影響を強く受けた子ども独自の合成モデルは、サモアやギリシャ[※34]、インド[※35]、アメリカインディアン[※36]など、さまざまな文化でなされた研究においても確認されています。

こうした結果から、ヴォスニアドウらは、地球についての科学的概念獲得には時間がかかり、それまでの過程においては、素朴物理学の作用が強く働くため、合成モデルが生成されるという現象が文化を超えてみられるのだと主張しています[※34]。

子どもは案外すんなりと「地球は丸い」を受け入れる？——文化や教育の役割

ヴォスニアドウらの主張のように、子どもたちが日常生活のなかで地球についての情報に触れるとき、素朴物理学の影響が強く作用するという現象はそれほど一般的なことなのでしょうか。合成モデルの生成はありふれた現象なのでしょうか。

日本の大学生106名に対して、幼少期に地球の形についてどのように考えていたかを回顧して複数の質問に答えてもらったことがあります。

「地球の形についての科学的モデル（球形概念）を知って驚いたことがある」と答えた者は全体の約40％（残りはそうした経験はないか、記憶にないとの回答）程度はいるものの、「科学的モデルについて、それが正しいとは信じられなかったことがある」とした学生は全体の約27％、「科学的モデルとは異なるイメージをもっていた時期がある」とした学生は全体の約19％、「科学的モデルについて、正しいものと信じられるようになるまで、ある程度の時間がかかった気がする」とした学生は全体の約17％に過ぎませんでした（残りの大半の学生は、各質問に対してそうした経験はないか、記憶にないとの回答）。

一方、「科学的モデルについて、いつのまにか正しいものと信じるようになった気がする」とした学生は全体の約73％にのぼりました。球形概念に接し、驚き、矛盾を感じた人はある程度はいるものの、球形概念を受け入れなかったり、合成モデルを形成したりした記憶をもつ人は少数派のようです。ほとんどの人が「いつのまにか地球が球形であることを信じていた」という感覚をもつようなのです。もちろん過去の記憶は変容しやすいですし、思い出として残る記憶は3、4歳以降であることがほとんどですから（第2章参照）、こうした回顧データの解釈は慎重に行うべきです。

しかし、こうしたデータのほかに、次のような子どものエピソードを見ると、ヴォスニアドウらの主張の一般性には、多少とも疑問を感じざるを得ません。

【エピソード】

6歳のソウタは、お絵かきが大好き。ある日保育園で、地球の絵を熱心に描いていました。まるで地球儀を見ながら描いているように、おおよそ丸く、海のところは青く、陸のところは緑や茶色で描き分けます。私が「ソウちゃん、何描いているの？」と尋ねると「地球だよ。でね、地球ってね、ボールみたいな形をしているって図鑑にのってた」。そこで私が「じゃあ、この下の方にいる人は下に落ちてしまわない？」と聞くと、「うーん。そんな気もするんだけど、たぶん大丈夫じゃない。だって、人間は誰も落ちていないしね」。さらに重ねて「地球がボールのように丸いとしたら、地面も丸くなっているはずじゃない？　でも平らに見えるのは変じゃない？」と問うと、さすがにうんざりした表情を見せながら「うーん、まぁ、なんでかはよくわかんないけど。ともかく図鑑やテレビで地球の写真を何度も見たし、地球儀もあることだし、間違いないよ」と興味なさそうに答えたのでした。

こうしたエピソードは、文化が伝える情報の影響の強さを感じさせるものです。メディアなどが伝える地球についての情報の重要な部分（地面が球状であるとか、下の人も落ちないとか）に対して、たとえ直観に反すると感じたとしても、ひとまずは受け入れているのではないかと思わせるものです。子どもたちは素朴物理学に強く束縛されているわけではなく、案外すんなりと球形概念を受け入れることが少なくないのかもしれません。

イギリスの発達心理学者シーガル（M. Siegal）らは、ヴォスニアドウらの主張に疑問を感じ、地球の形についての概念発達においては、文化がより重要な役割を果たすのではないかという想定のもと、仲間と研究を開始しました。[※37]

彼らは、南半球に位置し、天文学に関する学校教育がアメリカやイギリスより早期に開始される（小学1年生〈5～6歳〉ないしは幼児期〈4～5歳〉に開始）オーストラリアの子どもに注目しました。オーストラリアの子どもはイギリスの子どもと比較すると、地球についての科学的知識の獲得時期が早いこと、イギリスの子どもが天文学を学校教育で教わる8～9歳頃には、オーストラリアとの差がなくなることを報告しています。こうした報告は、文化、とりわけ天文学についての教育システムが文化により異なることが概念発達に影響するかもしれないことを示しています。

調査方法の妥当性——子どもの負担を軽減する

さらにシーガルらは、冒頭のエピソードで紹介したようなヴォスニアドウらの調査方法、すなわち自由回答形式や描画による調査方法に問題があり、子どもの概念を検討するには不適切であると痛烈に批判しています。

たとえば「地球はどのような形ですか」と問われたとき、地上からみえる地球の形についてなのか、宇宙から見た地球の形についてなのか、質問の意図をどうとらえるかによって答え方は変わってきます。

こうした質問をはじめ、ヴォスニアドウらが用いた質問は、大人でさえ意図がつかみにくいものが多く、同じような質問が繰り返しなされるため（「今まで地球の端に行ったことがありますか」「地球の端はあると思いますか」など）、子どもにとっては回答として求められていることを誤解しやすいのではないか。また、描画スキルの未発達により、子どもの能力を過小評価してしまったのではないかというのです。実際、ヴォスニアドウらが用いた質問を天文学者に行うと、科学的モデルと一致する回答傾向を示す者はせいぜい半数ほどであることが示されています[※38]。

そこで彼らは、質問の意図がわかりやすく、答えを選択肢から選べる形式の質問や、複数の模型から選択させるなど、子どもにとって負担の少ない調査方法を採用して調査を実施しました[※37]（図40）。こうした手法を使用した最近の諸研究では、合成モデルの存在が確認されることは稀であり、子どもたちはより早期から断片的な形態の科学的知識を獲得できることが示されています。こうした彼らの立場は断片知識アプローチと呼ばれています。

たとえばイギリスの幼児と小学生を対象にした調査[※39]では、6～7歳以上の子どもは90%以上、4～5歳児で60%強の子どもが、科学的モデルに相当する模型を正しいものとして選択し、合成モデルに一致する反応パターン（空は地球の上側にしかないという反応や、何日もまっすぐ歩き続けると世界の端から落ちるという反応）を示す者は少数だったと報告されています。日本の子どもを対象とした研究[※30]でも、断片知識アプローチの主張を支持する結果が示されています。

図40　シーガルらが使用した質問の翻訳

（マイケル・シーガル著『子どもの知性と大人の誤解』81ページをもとに作成）

オーストラリアとイギリスの4～9歳児に訊いた質問

1. 地球は丸いのかな、それとも平らなのかな？　もし地球が丸い／平らなら、それは円みたいに見えるかな、それともボールみたいに見えるのかな？
2. 地球が丸い／平らであると、どうしてわかるのかな？
3. このモデルを見てみて。これは丸いボールだよ。こっちは、上の部分が平らになっているボールの一部分で、ふたがついてるよ。そしてこれはね、表面が平らになってるよ。世界が本当はどうなっているかを示すモデルを指さしてくれる？

4. もし何日もの間、まっすぐに歩いて行ったら、地球の端っこから落っこちちゃうかな？　どうしてそうなるの／そうならないの？
5. この小さな女の子は、ねばねばしたものがくっついているの。だから、この女の子をここ（上の面）やここ（側面）、そしてここ（下の面）にくっつけることができるのよ。じゃあね、このモデルのどこにオーストラリア／イギリスの人たちがどこに住んでいるのか、この人形を使って教えてくれる？
6. 人々は、ここの上の面／下の面に住むことができるかな？　イギリス／オーストラリアの人たちがどこに住んでいるのか教えてくれる？
7. ある子どもは、空は四方八方にあると考えているの。でも別の子どもは、空は上の部分にしかないと考えているの。空は本当にはどこにあるのか指さしてくれる？
8. ここに別のボールがあるの。これを太陽だと思ってね。太陽が地球のこっちの部分を明るく照らしているとき、別の部分は昼なのかしら、それとも夜なのかしら？
9. それが世界の別の部分を照らしているとき、こっちの部分は昼なのかしら、それとも夜なのかしら？
10. ある子どもが次のように言いました。世界の一方の部分では太陽が下りていき、もう一方の部分では上っていくから、昼になるんだよ。だけど別の子どもはこう言いました。世界は廻っているの。そしてね、太陽は一度に世界の一つの部分しか照らすことができないから、昼になるんだよ。
11. あなたは、月の下の部分に立っているこの小さな女の子だと思ってみて。彼女はね、この下の世界に住んでいる友だちを見ているの。その友だちは、この小さな女の子が正しく見えるかな、それとも上下逆さまに見えるかな？
12. 彼女の友だちから見ると、この小さな女の子は世界の上の面にいるように見えるのかな、それとも下のほうにいるように見えるのかな？
13. 地球はどんな形をしているの？　一番いいモデルがどれか、教えてくれる？
14. ここに地球儀があるの。この地球儀の上でオーストラリアがどこにあるのか教えてくれる？　じゃあ、イギリスのロンドンはどこにあるのか教えてくれる？

こうした主張に対してヴォスニアドウらも真っ向から反論を示し、さらに断片知識アプローチからも再反論がなされる、という具合に、素朴物理学や文化の作用と方法論をめぐる論争は現在も継続中です。[※38]

地球の形の概念発達についての新しい見方

それでは断片知識アプローチの考え方に基づくと、地球の形についての概念獲得はどのようなプロセスと考えられるのでしょうか。子どもたちは素朴物理学の制約を受けることなく、地球についての断片的な科学的知識をそれとは独立なものとして蓄積していき、その後、徐々に素朴物理学とも両立しうる整合的な概念を構築していくプロセスが提案されています。[※40,41]

たとえば、地球が球形であることを早期から受け入れたとしても、しばらくの間は「なぜ地球の反対側の人が落ちずにいられるのか」という物の落下についての矛盾に気づかなかったり、さほど気にかけなかったり、矛盾は気になるけれども留保しておくという時期が長く続くかもしれません。しかし科学的な重力概念をどこかで聞きかじってくることが多くなる児童期中期くらいには、地球上での物の落下にまつわる矛盾が解消されて腑に落ちる経験をしたり、反対側の人が落ちない理由をうまく説明できるようになると考えられます。ここで初めて物の落下についての基本原理の修正が起こるわけです。ヴォスニアドウが主張するように、素朴物理学の大きな変革のあとに、球形概念を受け入れるという順序では必ずしもないという考え方です。

旧ソビエトの発達心理学であったヴィゴツキー（L. S. Vygotsky）は、科学的概念の獲得が生活的概念の発達を促進しうると主張しました。[※42,43] 地球の形の概念の場合も、地球は球形であるという科学的概念を獲得することによって、地面は平らだとか、物は下に落ちるといった生活的概念のとらえ直しや変容がのちほど徐々に生じるということなのかもしれません。

まとめ

本章でみてきたように、子どもは生まれてまもなくから物の世界についての初歩的な理解をもつようです。一方、科学教育をしっかりと受けたはずの大人でさえ、ある種の物理法則の理解はそれほど容易ではないこともわかっています。

乳幼児期の素朴物理学と大人の誤概念はどのようにつながっていくのか、その発達過程については、今後、さまざまな側面から研究を積み上げて解明していく必要があるものの、科学的概念の獲得にともなって素朴物理学ないしは誤概念が消えるという単線的なものではなく、これらは共存して蓄積されるのかもしれません。そして発達にともなって目的や状況に合わせて適切な知識を柔軟に使用できるという方向での変化がみられるのではないかとも考えられます。

乳幼児期を通じて形成された豊かな理解を小学校以降での学びにどう橋渡ししていくか。現在、文部科学省主導で幼児教育から小学校教育への架け橋プログラムが進められていますが[※44]、幼小の学びの連続性を確かなものにするうえで検討すべき重要なテーマのひとつです。

何よりも大事なのは、子どもたちがすでに形成している理解を探り当て、尊重し、そこを出発点として、その連続として新たな理解が進むように橋渡しをすることだと考えられます。

乳幼児期も含め、これまでの生活のなかで、どういった理解を形成したのかをしっかり把握し、それを学習に活用できるように方向付けることがまず大切でしょう。そのためにも、乳幼児期の子どもの理解を明らかにする発達心理学の知見は重要なのです。

第6章

自己の発達——自分自身をどう理解するか

本章では、自己の発達に焦点をあてます。私たちは自分自身の振る舞い方、顔や姿、性格、能力などについて何かしら意識したり、理解をつくり出したりしながら過ごしています。そして自己をどう意識、理解するかは、自己の欲求や衝動をコントロールすることとも関連が深く、発達や学習を支える基盤として重要です。これら自己の諸側面が、物理的環境や他者とかかわるなかで発達する過程をみていきましょう。

1　鏡やビデオのなかの自分に気づく

自己鏡像認知——鏡に映る人は「自分」なのか？

子どもはいつ他者とは異なる自己の身体的特徴をイメージできるようになるのでしょうか。この問題を調べるためのとても巧妙な実験方法があります。アメリカの発達心理学者であるルイス（M. Lewis）とブルックス・ガン（J. Brooks-Gunn）による実験[※1]を紹介しましょう。

9ヶ月から24ヶ月の子どもと母親に、大きな鏡のある実験室に来てもらいます。母子を残して実験者は退出し、子どもが鏡の前でどのように振る舞うのかを鏡の背後に設置

鏡の前に立つ鼻の頭に口紅をつけた子ども。

されたビデオカメラでひそかに録画します。

しばらくしてまた実験者が実験室に戻り、母親に布を渡します。実はこの布にはあらかじめ口紅が塗ってあるのですが、母親はこの布で「汚いからきれいにしましょう」などといいながら子どもの鼻を拭くふりをして、ひそかに鼻の頭に真っ赤な口紅をつけます。再び実験者が出ていったあとで、鏡の前での子どもの行動を記録します。

ここで重要なのは、自己の鏡像を見たときに鼻を触る行動をどの程度示すかということです。口紅のついているときには鼻を触るという振る舞いが増えるならば、鏡像を自分の映り姿だと認識している可能性は高いといっていいでしょう。

こうした実験方法はマークテスト（ある

図41　マークテストにおいて鼻を触った子どもの割合
（Lewis & Brooks-Gun, 1979をもとに作成）

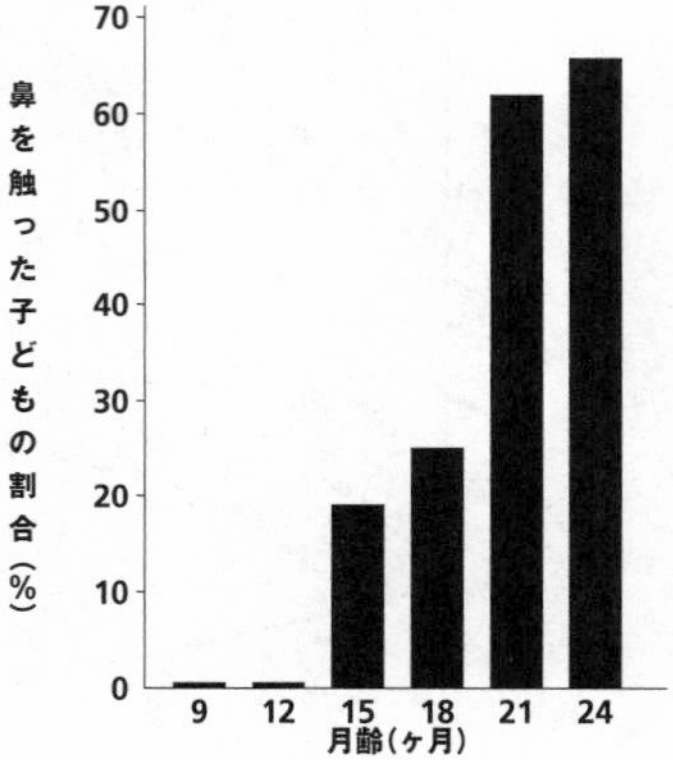

いはルージュテスト）と呼ばれ、鏡像を自分の映り姿だと認識していることを意味する重要な指標として30年以上にわたって心理学で使用されてきました。さて、このマークテストに通過するのはいつ頃なのでしょうか。

図41のグラフは、ルイスとブルックス・ガンによる実験[※1]において、口紅をつけずに鏡を見たときには鼻に触らないが、口紅をつけて鏡を見たときには鼻を触る行動を示した子どもの割合です。口紅を鼻につけずに鏡を見た場合に鼻に触る振る舞いをした子どもはわずかで、21ヶ月、24ヶ月児でそれぞれ7％に過ぎませんでした。この結果から、鏡像が自分の姿であることを認識するようになるのは生後1歳半くらいからで

あり、2歳を迎える頃には多くの子どもが認識するようになるといえるでしょう。

このマークテストは、もともとチンパンジーの自己認識を調べるために、アメリカの比較行動学者のギャラップ（G. G. Gallup）が考案した方法ですが、チンパンジーも自己鏡像を前にしてマークの箇所を触る振る舞いを見せることがわかっています。[※2] 1、2歳の子どもが身近にいる方は、ぜひご家庭のなかで試みてください。

「鏡像が自分であること」を認識する過程

それではマークテストに通過する前、子どもたちは鏡の前でどのような振る舞いをみせるのでしょうか。生後3ヶ月から2歳までの子どもを観察した研究[※3]によると、1歳くらいまでの子どもでは鏡像に対して笑いかけたり、頰ずりしたりするなど、まるで他者とみなしているかのような行動を示すといいます。1歳を過ぎると、鏡の後ろに回りこむなどして、鏡像の性質を調べる行動の増加がみられます。マークテストに通過した子どもでも、時折、これに類する行動がみられることがあります。

また鏡像の理解が進むにともない、他者から自分がどう見えるかも意識するようになるのでしょう。人前で「てれ」という自己意識的感情を示し始めるのもこの時期です。長い期間を経て、そして、揺れ動きながら、鏡像を自分の姿であることを認識するようになるのでしょう。

ところで、不思議なことに、マークテストに通過したあとの子どもでも、写真や録画ビデオにうつった過去の自己像を自分だと認識できないことは少なくありません。[※4]このことは鏡像を自分の映り姿だと認識できたからといって、顔や姿の詳細を理解しているわけではないことを示すものです。また、鏡の自己像認知が写真や録画ビデオより早くできるのは、自分が身体を動かすと鏡像も同期して動くという時間的同時性が大きな助けになるからだと考えられます。

主に鏡を通して知ることになる自己の視覚的特徴を手がかりにして、写真や録画ビデオに映し出された過去の自己像を識別できるようになる、という発達の道筋があるものと推測されます。

ビデオ録画された自己像認知

3歳にもなると、写真や録画ビデオにうつし出された過去の自己像を「自分」と識別できます。しかし、そこにうつっている自分を現在の自分と結びつけることはそれほど簡単ではないようです。

私たち大人は、自分のうつった写真や録画ビデオを見て、ダイエットをしようと決意したり、美容院に行かねばと思い至ることがあります。これは私たち大人が過去の自己像と現在の自分を結びつけ、さらに未来の自分にも関連づけて考えているからでしょう。

いい換えると、過去、現在、未来へと続く時間的に連続した存在として自分をとらえているから、ということになります。ところが、3歳頃までは、こうしたことが難しいようです。ここではアメリカの発達心理学者であるポヴィネリ（D. J. Povinelli）らの実験[※5]を紹介しましょう。

この研究では、子どもを実験室に誘いシール探しゲームを一緒にします。その際に、気づかれないように子どもの頭にシールを貼り、その様子を録画して、3分後にその動画を子どもに見せます。それを見て、自分の頭からシールをはがそうと手を伸ばしたのは、2歳児では皆無、3歳児では25％だったのに対し、4歳児になると75％でした。この結果は、少なくとも3歳頃までは、過去の自分の姿と現在の自分を結びつけることが難しいことを意味します。一方、4歳児の大半はこの課題を通過しています。

それでは、なぜ3、4歳の間でこのような違いがみられるのでしょうか。この実験を実施したポヴィネリら[※5]によると、録画ビデオでのマークテストに通過するためには、「いま、ここ」の自己イメージ（present self）をもつだけでなく、過去・現在、未来と時間的には変化するものの永続している自己という感覚（proper self）をもつことが必要だといいます。これは4歳を過ぎる頃にようやく獲得されるのです。

この課題に通過することが、時間的に連続した自己意識の成立を意味するといってよいかは、学術的には議論のあるところです。[※6] しかし発達心理学者が観察した日常場面のエピソード報告をみると、[※7] 確かに4歳頃から過去と現在の自分をつなげてとらえたり（4歳9ヶ月児Aの語り：A、小さい頃からやってるから、こんなに上手に飛行機、折れるんだよ。3歳くらいのときからね）、現在と未来の自分をつなげてとらえる（4歳7ヶ月児Aの語り：家にある、Aが以前拾ってきた桜の枝をじーっと眺めたあと、「ママ、人も、おうちも年をとるんだよ。だんだん、いろいろなところにひびが入ってくるの。木も草も、年をとっていくんだよ」）姿がみられるようです。

他者経験と自己鏡像認知

自己鏡像認知が成立するためには、鏡を見る経験だけでは十分でなく、他者とのかかわりが不可欠な基盤であることが、チンパンジーの実験から示唆されます。仲間とともに育ったチンパンジーはマークテストに通過できますが、仲間の様子は見えるけれども身体接触のできない部屋に隔離されて育てられたチンパンジーでは通過できなかったといいます。※8 すなわち、鏡のマークテストに通過するうえで、他者との身体的な接触をともなう経験が不可欠であるらしいのです。おそらく身体を介した他者とのやりとりを通して、自己の実在性の感覚とでもいうべきものを高める経験が重要なのでしょう。

第1章では、ヒトの乳児が誕生直後から他者の身体に特別な関心を向け、身体の変化を鋭敏に知覚し、自らの身体で働きかけ応答しようとする姿をみてきました。生後まもなくから、身体を介した他者とのやりとりが盛んになされているのです。これが自己意識の発達基盤として不可欠であることは確かでしょう。

2　乳児にみる自己の発生基盤——鏡のなかの自分に気づく前

自己の身体と外界の区別——生まれた時点で自分と他者による「刺激」を区別できる

前節でみてきたように、鏡に映った自己像を自分だと認識し始めるのは1歳半くらいからです。これを自己への気づきの始まりと考えてよいのでしょうか。近年の乳児研究から、実はもっと早期にその起源があることがうかがえます。

乳児に母乳を与えようとしている母親を観察すると、自分の乳首をちょんちょんと乳

①

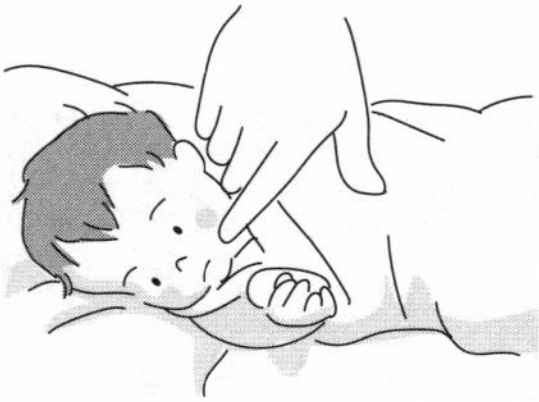

②

乳首を探すルーティング反応。

児の頬や口のあたりに接触させていることがよくあります。すると乳児は乳首の方に顔や口を向け吸い付きます。実はこうした乳児の行動は、生後直後からみられます。生まれた直後の乳児の口の横にそっと指をあててみてください。乳児はすぐさま指の方向に口をゆがませて吸い付こうとするでしょう。これは、母乳にありつくためにもって生まれる大切な行動様式です。

この乳首を探す行動はルーティング反応と呼ばれ、新生児期（生後1ヶ月くらいまでの乳児）においてどの乳児にもみられるものです。ルーティング反応をよく観察することで、乳児の自己のありようを知ることができるというのです。

アメリカの発達心理学者ロシャ（P.

Rochat）の研究グループは、このルーティング反応について、他者のではなく乳児自身の指が口の横に当たったときはどうなるだろうかと考えました。そこで、生後24時間以内の乳児を対象に、乳児自身の指で口角に触れさせた場合と、他者の指で触れた場合とでルーティング反応の頻度に違いがあるかを比較したのです。[※9]

その結果、他者の指で触れられた場合は自分の指で触れる場合より、3倍も多くルーティング反応を示したといいます。すなわち、生まれた時点ですでに、自分の身体による刺激と外界からの刺激を区別できるのです。今現在、生まれたての乳児を育児中の親御さんたちは、ぜひ試してみてください。

それでは乳児は何に基づいて自分の身体とそれ以外を区別しているのでしょうか。ここで皆さんにも自分の手で自分の頬を触れてみてほしいと思います。このときの接触感覚はふたつであり（ダブルタッチ）、顔が手を感じるとともに、手も顔を感じる、というものです。一方、他者の指で触れられた場合は接触の感覚は頬に感じるだけです（シングルタッチ）。乳児は、こうした感覚の違いをもとに、自分の身体とその他を区別できると推測されています。

スイスの発達心理学者であったピアジェをはじめ、過去の研究者たちは、生まれたての乳児は混とんとした世界に住んでおり、自分と環境とを区別していないと考えていました。しかしそうではなく、生まれてすぐから乳児は自分の身体をまわりの環境から区別し、「自分の身体の感覚に基づいた自己」ともいうべきものをもっているのです。

身体探索と随伴性検出――「自分の身体の特徴を探す」行為

生後2ヶ月頃になると、乳児は、自分の手を舐めたり、手足を触ったりという身体探索行動を頻繁に示すようになります。こうした自己志向的行動を繰り返すことで、自己の身体と環境の区別がより鮮明になっていくのだと考えられます。

たとえばこの頃の乳児は、手を握ったまま腕をぐっと前に突き出して、それを比較的長い時間興味深そうに見つめるそぶりをみせることがあります。これはハンドリガードと呼ばれる現象です。自己の身体を積極的に動かすことで、自己の身体が動く感覚と、そのときの身体の見え方の関連性を探索しているかのようです。こうした探索によって、目の前に見えている手が、同時に自分で動かしている手でもあることに気づくのでしょう。

「クー」「アー」などクーイングと呼ばれる短い発声をし、それを繰り返して楽しんでいるそぶりを頻繁にみせるようになるのもこの頃です。クーイングを繰り返すことで、自分が発声するときの喉や口の感覚と、聴覚を通して聞こえてくる音を関連づけている

突き出した手を長い時間見つめる「ハンドリーガード」という現象。

のでしょう。これによって自分の声の特徴を知るようになると考えられます。

このような身体の探索——そこでは自己の身体の一部を動かすことを通して、それが同時にもたらす複数の感覚を結びつける活動がなされているようです——を通して、乳児は、自分の身体はどのような特徴をもつかについての知識を少しずつ獲得していくのではないかと考えられます。

実際、乳児は早くから、自分の身体をどう動かせば、身体がどう見えるかについての知識を獲得しつつあることが実証されています。乳児はよく足をバタバタと動かしますが、これを利用したロシャたちによる巧妙な実験[※10]を紹介しましょう。

この実験では、3～5ヶ月の乳児にテレ

図42　ロシャによる足バタバタ実験

（Rocha & Morgan,1995 :ロシャ,2004をもとに作成）

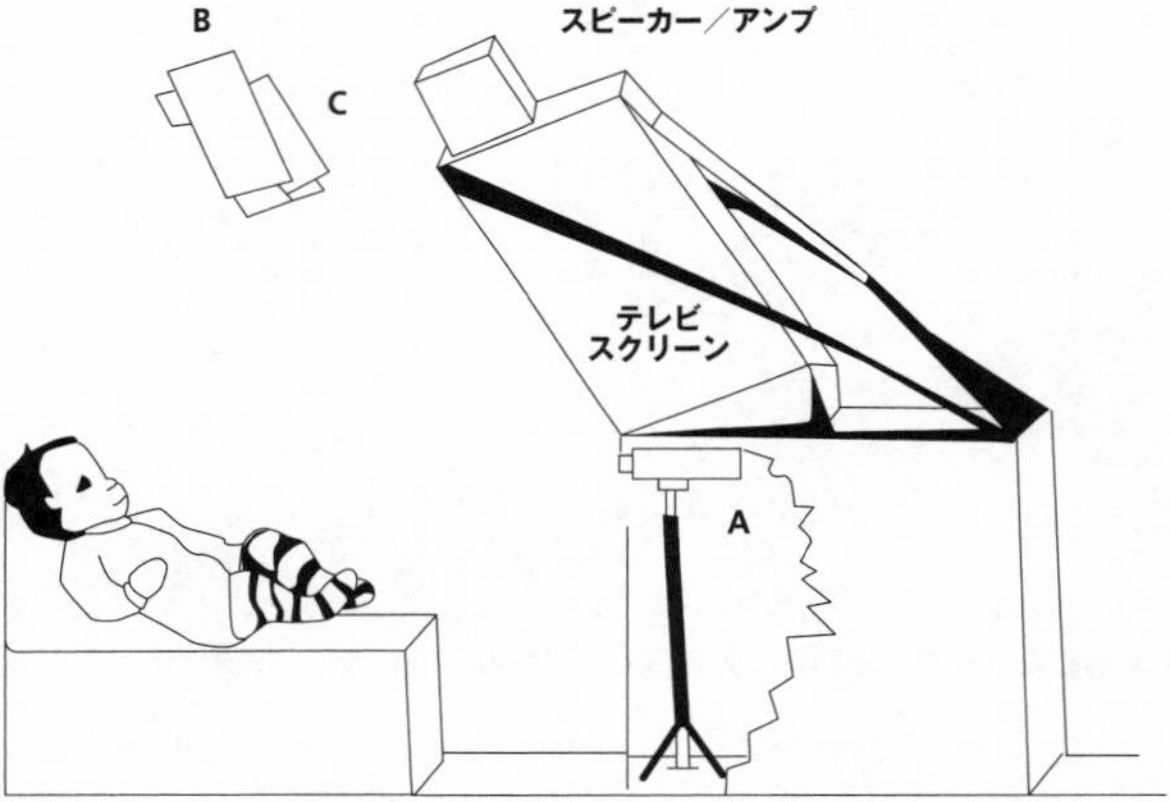

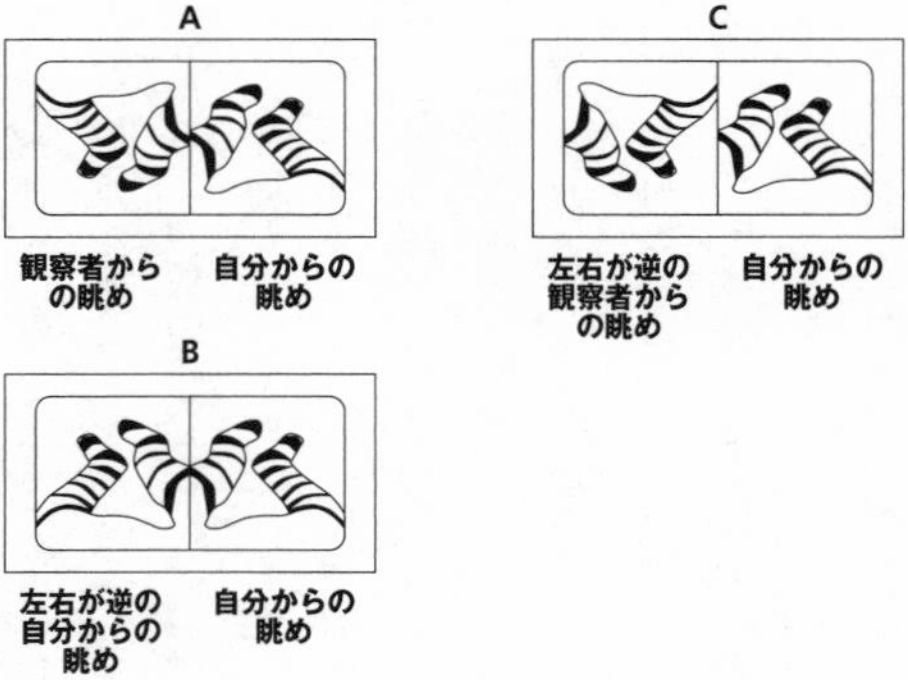

ビモニターに映し出されたふたつの映像を並べて見せました（図42）。ひとつは、乳児自身からの眺めと一致した映像。もうひとつはそれとは異なる眺め（たとえば観察者からの眺め〈A〉や、左右が逆の自分からの眺め〈B〉、左右が逆の観察者からの眺め〈C〉）でした。Aのような映像を見せた場合、３ヶ月の乳児でさえ、自分からの眺めよりも、観察者からの眺めの方を長く見つめることが確認されました。しかも興味深いことに、乳児は観察者からの眺めを見ているときには、より積極的に足を動かし、まるで自分の足を動かす感覚と、見えの対応関係を探索しているかのようだといいます。

この実験は、乳児を対象とした実験ではおなじみの視覚的選好法を使用したものです。私たち大人は思いもよらない事態が生じたときに驚いて、そちらの方をしばらく見つめることがあります。これは乳児も同じで、思いもよらない事態をより長く見る傾向をもつのです。

このことをふまえると、観察者からの眺めは、乳児が普段自分が足を動かしたり、足を直接見たりするときに経験するものとは違っているため、乳児の興味を引いたのだろうと解釈できます。このとき、２映像間では、足の左右の動きが対応していないと同時に、どこから眺めるかも異なりますが、乳児は前者に着目していたようです。というのも、Ｂの状況（どこから眺めるかという点では２映像は同一であり、足の左右の動きが対応していない）では「左右が逆の自分からの眺め」の方をより長く注視した一方で、Cの状況（どこから眺めるかという点では2映像間で異なるものの、足の左右の動きは対応）では、2映像間での注視時間に相違がなかったからです。いずれにせよ、3ヶ月の乳児は自分の身体をどのように動かせば、どう見えるのかについての知識を獲得しつつあると考えられます。

自己鏡像認知が成立する前の乳児は、自己の見た目についてのはっきりした知識はもっていないかもしれません。しかし、この節でみてきたように、外界に対しての自己という、あるまとまりをもった存在としての自己は生まれたときからすでにあり、自分の身体を探索することによって自己に対する知識が蓄積されていくようです。

この過程を支えているのが、同時に変化する複数の感覚を見つけ出す能力――随伴性の検出能力――です。この随伴性検出能力が生後すぐから働き、自己の発達のうえでも大変重要な働きをするといえます。

対人的自己――「まるで他者のような私」から「他者とはまるで違う私」へ

ここまでの話を読むと、生まれたばかりの乳児はもっぱら物理的環境や自分の身体に対して探索を行い、自己に気づいていくかのように思われるかもしれません。これは、いわば物理的環境とやりとりをするなかで気づく自己といえるでしょう。アメリカの認知心理学者ナイサー（U. Neisser）は、これを「生態学的自己」と称しました。[※11]一方、乳児は生後まもなくから、他者との相互的やりとりのなかでも自己を感じ取っています。前出のナイサーはこれを「対人的自己」と称しています。

第1章で示されているように、赤ちゃんは生まれながらにヒトに関するさまざまな刺激（顔や声など）を好み、関心を向けます。またそうした社会的刺激に対して、同調的に反応する傾向（他者の声掛けに合わせてリズミカルに身体を動かすなど）も備えています。

一方、赤ちゃんにかかわる人々は、赤ちゃんのもつ身体的特徴（目や顔が大きいなど）に大きな魅力を感じ、自分の働きかけに対して同調的に応じる赤ちゃんと豊かにやりとりを展開したいと感じます。これら双方のもつ仕組みに支えられて、赤ちゃんは生後すぐから他者とのやりとりを開始します。

ここでのやりとりは、赤ちゃんが笑えば相手も笑う、というように共鳴的・同調的なものです。このやりとりの積み重ねで、生後2ヶ月頃には、自分が相手に働きかけたら、相手からどのような反応が得られるか期待をもつようになります。

第1章で示したスティルフェイス実験での乳児の様子はそれを示しています。養育者がいつものやりとりをやめ、赤ちゃんからの働きかけに対して無表情・無反応で接すると、乳児の微笑みが減少するなど、ネガティブな反応が増えたり、何とか相手の通常の反応を引き出そうと必死に試みる姿がありました。[※12] 生後2ヶ月を迎える頃には、他者からある種の反応を引き出しうる存在としての自己に気づいているものと考えられます。

このように生後まもない赤ちゃんは、他者との互いに共鳴し合う関係性のなかで自分を感じ取り、表情や身振りが他者とまるで「同じようになってしまう」という、いわば「まるで他者のような」私として出発します。[※13] ところが生後9ヶ月を迎えると対人関係はがらりと変化し、自己の感じ方も変化します。第1章でも示しましたが、この頃に三項関係が成立するのです。

それにより、他者と同じ対象に注意を向け、その対象に関してやりとりを行う共同注意が可能になります。他者が何に注意を向け、どのような意図をもって対象を扱うかを知るようになるのです。それは自分と他者の意図が相いれないことを知る契機にもなります。

この時期を境に「他者とはまるで違う私」[※13]が発生してくるかのようです。そのうえ、他者が自分に注意を向けるとき、その他者の目から見た自分に注意を向けることにもなります。つまり自分を他者の視点からとらえる出発点に立つことになるのです。これは後々、鏡のなかの自己に気づくための条件ともなります。鏡のなかの自己像を自分と関連づけるには、自己を多少なりとも客観視できる必要があるからです。

乳児期の養育スタイルと自己の発達

このように乳児は生後まもなくから周囲の他者と豊かにかかわるなかで、自分の存在を感じ、原初的な自己を育んでいきますが、この頃の養育者との相互作用の質が1歳代の自己の発達基盤となることも示唆されています。

たとえばある研究※14では、子どもの自立を重んじた養育スタイルをとる（相互独立的な社会化を行う）ドイツの母親と、他者との相互関係を重視する養育スタイルをとる（相互依存的な社会化を行う）カメルーンの母親と子どもを対象として縦断調査を実施しました。

生後3ヶ月時において、乳児の発するシグナルに対してタイミングよく応答する程度（随伴的応答性）は、ドイツの方がカメルーンの母親よりも高いことが確認されました。これは母子の身体的距離が比較的遠い養育スタイルのドイツ人母子では対面的やりとりが多くなることに起因すると考えられます。さらに18〜20ヶ月時における自己像認知の発達の程度は、カメルーンよりドイツの子どもの方が高いこと、母親の随伴的応答性の程度と関連性があることが示されました。

このことから生後まもない頃の養育者によるタイミングのよい応答的なかかわりが、自己鏡像認知の発達に促進的に働くと指摘されています。随伴的応答性の高い養育者のもとでは、他者との相互的やりとりのなかで感じ取る原初的自己——対人的自己——の成立が促進され、それがのちの自己発達の基盤となるものと推測されます。

3 幼児期の自己概念

自分の性格や能力、身体的特徴などに関する、比較的永続的な自分についての理解のことを自己概念といいます。

自己概念は、ヒトの行動や認知に大きな影響を及ぼします。幼児期の自己概念は客観的とはいい難く、非現実的な点も多々あります。しかしながら、それによってむしろ子どものさまざまな側面での発達が支えられるとの指摘もあります。この節ではそうした幼児期の自己理解の特徴をみていきましょう。

望ましい存在としての自己――「自分は何でもできる」と思う子ども

保育園や幼稚園を訪問し、3、4歳の子どもたちと遊んでいると、ジャングルジムに登れることや、縄跳びを上手に跳べるようになったこと、ひらがなが書けることなどを、とてもうれしそうに自慢げに話してくれたり、披露してくれる子どもに出会うことが多いものです。

一般的に、幼児期の子どもは自信に満ちあふれていて、自分は何でもできると思っていることが多いものです。自己を望ましい存在としてとらえる傾向が強い時期です。またこの頃の子どもたちの自己概念の内容は、持ち物、名前、身体的特徴などの客観的・外面的特徴が中心といわれます。

一方、児童期に入ると、自分のよい面ばかりでなく、否定的な面もバランスよくとらえられるようになります。「だいたい、友だちには親切にすることが多いけれど、機嫌の悪いときは、ちょっとだけ意地悪なことをいうこともある」「運動はできないけど、勉強はできて頭がよくて賢いといわれる」という具合に、複数の観点に分けて自分を評価できるようになります。さらに、「親切」や「意地悪」といった性格特性、「賢い」「頭がよい」といった知的能力など、主観的、内面的な特徴による自己概念へと移行します。

このような発達的変化がみられることは、幼児（5歳児）と児童（小学2年生と小学4年生）を対象とした個別面接調査でも確かめられています。[※15]「～ちゃんは自分のどんなところが好き（嫌い）？」「～ちゃんのいいところ（悪いところ）はどこ？」といった質問をすると、幼児は身体の一部や、持ち物、行動といった他者からでもみえる具体的特徴を答えるのが中心であったのに対し、児童期になると人格特性が答えの多くを占めるようになります。

また、幼児は好きなところは多々あげるのに、嫌いなところや悪いところは「ない」と答えることが多いのに対して、児童期になると否定的側面を答えることが増加するようです。否定的というと聞こえはよくないですが、自己の弱点を認識することは、さらなる成長に向けて自分を方向付けることの一歩となることでしょう。

よりよい方向に変遷するものとしての自己――「大谷翔平になれる！」と信じている

前項でみたように、幼児は現在の自己を肯定的にとらえる傾向が強いようです。しかしそれだけでなく、将来の自己についてはとても楽天的なイメージをもっているようです。幼児と接していると、自分が将来どのようになるのかという自己の時間的変化について非常に楽天的な見方をすると感じさせられることがよくあります。たとえば、今は

図43　日米における望ましくない特性の変容可能性についての信念：大人になったらどうなるかという質問に対する反応割合
（Lockhart et al., 2008のデータをもとに作成）

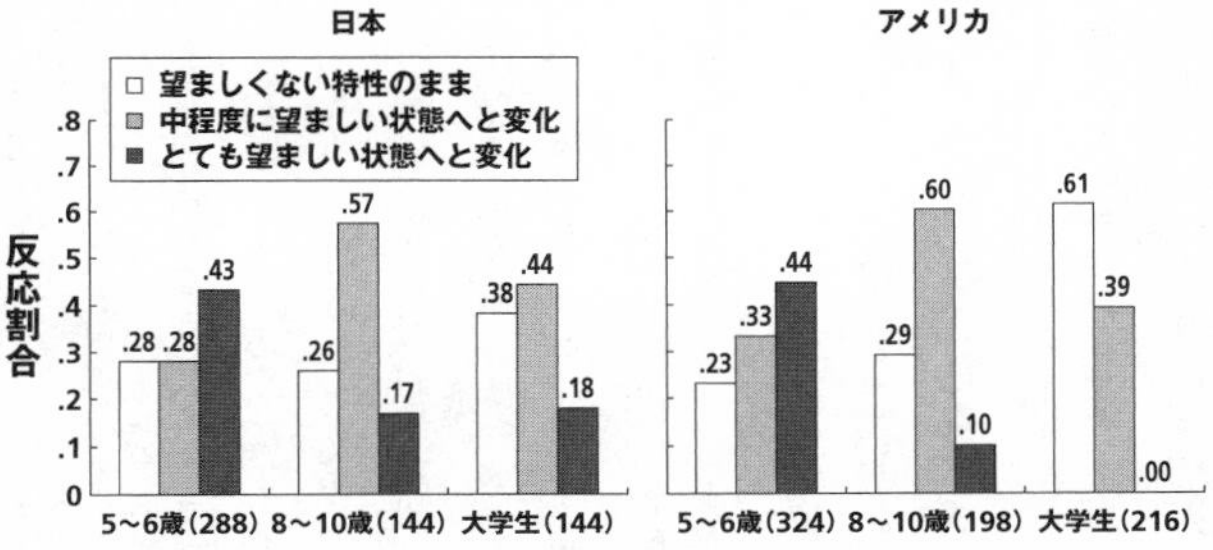

※（　）内は各年齢グループの総反応数（研究協力者数×6項目）である。

クラスで一番運動が苦手だとわかっていても、将来、第二の大谷翔平になれると本気で信じていたりすることがあります。

アメリカの発達心理学者であるロックハート（K. L. Lockhart）らは、日米の幼児、児童、大学生を対象に、望ましくない特性（意地悪など）をもつ子どもの主人公が出てくる話をいくつか聞かせ、その主人公が大人や老人になるとどうなるかを「とても望ましい状態へと変化」「中程度に望ましい状態（平均的な状態）へと変化」「望ましくない特性のまま」の3選択肢から選んでもらいました。その際に、それぞれを表現する絵を示しました。[※16] その結果、図43からわかるように、日米の幼児ともに、小学生や大学生と比べると、望ましくない特性が望ましい方向に変化すると考える傾向がとても強いといえます。たとえばクラスで一番意地悪な子どもも、大人になると同年代のなかで一番優しくなると考えるのです。

そのうえ、幼児はこうした変化について、特に努力や練習をすることなく、年月の経過とともに自然に生じるものと考えている節があります。こうした幼児の楽天傾向は「素朴楽天主義」[※17]と呼ばれ、文化の違いを超えてみられる可能性が高いと考えられます。一方、児童期になると努力や練習さえすれば望ましい特性へと少しは変化させられるという、「努力依存の楽天主義」[※17]へと移行するようです。こうした移行には、さまざまな側面での認知発達が進むという認知的要因のほかに、小学校教育の開始による環境変化(教科教育やその評価の開始、教師や親の子どもに対するかかわり方の変化など)も関与すると推測されます。

重要なことは、この楽天的傾向は、他者に対してよりも自己に対してより強く表れることです。[※18] つまり幼児は一般的に「よりよい方向に変遷するものとしての私」という、将来の自己について楽天的なイメージを強くもつと考えられるのです。

幼児の発達を支える楽天主義

この節でみてきたように、幼児は自己の現在だけでなく、将来についても非常に楽天的にとらえています。こうした幼児の楽天性は、社会的比較能力（他者と自分を比較する能力）の欠如[※19]やメタ認知能力（自分の認知過程についての知識。自分の認知過程を監視、評価、制御する能力）の欠如[※20]など、さまざまな認知発達上の制約に由来するものでしょう。また自分の能力を過大評価することには危険がともなうこともあります。

しかし一方で、こうした自己理解の未熟さが子どもの発達を大いに助ける可能性もあります。発達における未熟さの効用とでもいうべき興味深い現象は、さまざまな発達現象において指摘されており（たとえば※21 22）、第1章で紹介した生理的早産もこれに相当します。楽天主義は、以下で述べるように、幼児の発達を支える重要な機能をもつとも考えられています。

ロックハートら[※23]は、幼児の楽天主義について「自己防御的（self protective）」な機能をもつという考えを提案しています。できないことや失敗することの多い幼児期において、楽天主義は失敗による無力感や諦めから幼児を防御する役割を果たすのではないかというのです。

このことを、筆者なりにわかりやすく説明してみましょう。子どもは「あらゆる領域における初心者」といえます。子ども時代は、いろいろなことが独力ではできません。さらに、できるようになるまでにはそれなりの時間と労力がかかる場合が多いものです。

また幼児期は、家庭から園、園から小学校という大きな環境移行を経験し、そこでの困難を乗り越えることを求められる時期でもあります。直面する困難に対して、幾度となくトライしても克服できないときも少なくないでしょう。大人であれば「自分はダメ人間かもしれない」「今後できるようにはならないだろう」と気落ちしたり、諦めを感じるような事態でしょう。けれども、大方の子どもたちはこうした深刻な事態に陥ることはほとんどありません。何かができなくて悔しい思いをしても、しばらくすると嬉々としてさまざまな物事や人と積極的にかかわり、新しいことへチャレンジしながら、結果的にさまざまなことを学んでいくとも考えられます。

こうしたことを可能にするのが幼児の楽天主義だというのです。そもそも自分の「できる」に注目する傾向が幼児では強いとはいえ、失敗が続くことも多く、「できない」自分を認識せざるをえない状況も幼児では少なくないでしょう。失敗したからといって、大人と同じようにいちいち落ち込んでいたのでは、幼児期にふさわしい学びのあり方——好奇心・探究心を発揮しながら人や物事と能動的にかかわること——は難しくなってきますし、環境移行を乗り越えることも難しくなるでしょう。

このようにみていくと、幼児の失敗や困難を恐れる必要はあまりないともいえそうです。子育て環境の変化や少子化により、育児に慎重になりがちな昨今です。子どもに失敗をさせないようにあらかじめ手を回すという先回り育児が加速化し、それが子どもの成長の機会を奪うのではないかとの危惧もあります[※24]。こうした時代だからこそ、子どもの成長過程は、少々の失敗に対して堅牢であり、失敗経験によってむしろ成長しうるという認識をもちたいものです。

成長的マインドセットの育み方――努力や過程を褒める

「よりよい方向に変遷するものとしての自己」を育むにはどうしたらよいのでしょうか。これにはアメリカの教育心理学者であるドュエック（C. S. Dweck）らの一連の研究が参考になります（※25参照）。

彼女によれば、一般に知能や能力についての暗黙的信念・態度として、成長的マインドセット（growth mindset：能力や知能は発達するものである）と固定的マインドセット（fixed mindset：能力や知能は固定的で不変なものである）の2種類があるといいます。前者の成長的マインドセットは、「よりよい方向に変遷するものとしての自己」と関連が深いものと考えてよいでしょう。

彼女らの研究をふまえると、大人が日頃の言動を通して「能力や知能は変わりうる」というメッセージを発信していくことが成長的マインドセットを育てるうえで大切だと考えられます。たとえば、何らかの課題を達成した際に、努力やプロセスを褒めることは、このメッセージの発信に相当すると考えられます。一方、能力や知能に言及して褒めることは「能力や知能は不変である」という逆のメッセージにつながると考えられます。

ドゥエックらが10~12歳の子どもを対象に実施した調査では、※26 学力テストの結果について努力やプロセスを褒めると、能力を褒めた場合よりもその後の学習における粘り強さや挑戦性、さらには学業成績が高まることが示されています。同様の結果は幼児でも確かめられています。※27

これらの結果は、褒め方によってその後の子どもの学習の様相が大きく異なること、褒め方によってはむしろマイナス面があることを示した点でアメリカの教育界に多大なるインパクトをもたらしました。大事なことは、褒め方により、促進されるマインドセットが異なり、それが粘り強さや挑戦性に反映されると考えられる点です。ここでは努力や過程を褒められると成長的マインドセットが、能力を褒められると固定的マインドセットが促進されると考えられます。

褒め方はひとつの例に過ぎません。中学生に対しては成長的マインドセットに沿う考え方をより直接的な方法で教えて伸ばすこともできそうです。数学の成績が下降気味の中学1年生を対象にした研究では[※28]、効果的な学習方法に加え、「頭脳は自分の力で伸ばせる」「学習によって脳内のニューロンはどんどん新しい接続をつくっていく」など成長マインドセットに沿う内容を伝えると、その後の学習意欲や成績が著しく向上することが示されています。

成長的マインドセットに沿うメッセージは大人から子どもに向ける言葉だけでなく、日常での振る舞いや生き方に無意識のうちに表れ出ることでしょう。子どもはそれを注意深く観察して学んでいるとも考えられます。子どもにかかわる大人自身が能力についてのとらえ方を見なおす必要があるかもしれません。

4　自己制御の発達

前節でみたように、自己をどうとらえるかは、粘り強さや挑戦性といった自己コントロールを要する姿勢・態度に反映されるようです。ここでは自己コントロールの発達をみていきましょう。

私たちが目標を達成したり、社会的なルールにしたがって行動するためには、自分の欲求や衝動を抑制したり、目標やルールを保持しつつ、関係のない情報を無視するといった認知面のコントロールが必要です。

たとえば、園でお片付けをする場面。保育室には積木、絵本、ままごと道具、ブロックなど、魅力的なおもちゃが数多く転がっています。おもちゃが落ちていれば、片付けるよりもそれで楽しく遊びたいという衝動が自然に生じるでしょう。いつもサッカーをして遊んでいるならば、ボールを見ると蹴るという行動が習慣的に誘発されてしまうかもしれません。おもちゃを片付けるためには、おもちゃで遊びたい欲求や衝動、おもちゃが誘発する習慣的行動を抑制し、おもちゃを拾って所定の収納場所にしまうという適切な行動を選択して実行する必要があるのです。

日本の発達心理学者である森口佑介は、欲求や衝動の抑制を情動的自己制御、習慣的行動の抑制を認知的な自己制御とし、それぞれの発達過程を整理しています。[※29]

これらはいずれも幼児期に著しい発達を示し、将来的な成功や健康などを予測するものとして、現在世界的に注目を浴びています。本節では幼児期に焦点をあて、このふたつの側面から自己制御の発達をみていきましょう。

情動的な自己制御――欲求や衝動の抑制

情動的な自己制御についての世界的に有名な研究として、アメリカの発達心理学者ミッチェル（W. Mischel）が考案したマシュマロテストがあります。[※30] その手続きはこうです。実験室にやってきた幼児の目の前にマシュマロ（実際はいくつかのお菓子の中から子どもの好きなものを選択させる）と押すと鳴るベルを置き、マシュマロを食べたくなったらベルを押して食べてもよいが、実験者が戻ってくるまでベルを押さずに待っていれば2個もらえることを告げ、実験者は15分の間、退室します。つまりこのテストは、目の前にある報酬（食べ物や金銭といった魅力的なもの）に対する欲求や衝動を制御する能力、欲求を先延ばしする能力を測定しています。

ここで興味深いことは、すぐに手を出してしまう子どももいれば、マシュマロを見ないようにしたり、ほかのものに注意を向けて気を逸らしたり、何かを空想したりなど、さまざまな工夫をして誘惑に抵抗しようとする子どもがいることです（この実験のデモンストレーションはYouTubeで見ることができます）。何らかの工夫を示す子どもや具体的工夫を教えられた子どもは長く待てることがわかっています。

マシュマロテストに類する課題を使用した別の実験的研究では、4分間という制限時間内に4歳児の約80％が待つことができたのに対し、3歳児では60％弱、2歳児では20％強であったことが報告されています。[※31] なお大半の子ども（60％以上）が待てる時間は、2歳児だと1分、3歳児だと2分であり、5、6歳になると10分程度待てる子どもが増待てる時間がさらに長くなるといった発達過程がみられます。[※33]幼児期は大きな変化がみられる時期ですが、児童期も発達は続き、えてくるといいます。[※32]

認知的な自己制御――行動や思考の抑制

認知的な側面の自己制御は、一般に実行機能と呼ばれ、3つの側面から研究が進んでいます。ある状況下で優位な行動や思考を抑制する抑制機能、行動や思考を柔軟に切り替えるシフティング、情報を処理しながら、別の必要な情報を一時的に保持する作業記憶です。ここでは、抑制機能の研究例を紹介します。

抑制機能はストループ課題という課題で測定します。この課題は1935年にストループ（J. Stroop）が見つけたストループ効果に由来します。ストループ効果とは、文字の意味とその色のように、同時に目にするふたつの情報が干渉し合うことをいいます。

たとえば、赤インクで書かれた「赤」の色名を答える場合と、青インクで書かれた「赤」の色名を答える場合、どちらの方が、反応に時間がかかるでしょうか。後者です。青インクで書かれているので、もちろん答えは「あお」なのですが、私たちは文字を読む習慣があるので、文字に気を取られ「赤」を「あか」と答えてしまうからです。正しく答えるためには、日頃、確立している習慣を抑制させる必要があるのです。

図44　昼・夜課題で使われるカード（左が夜カード、右が昼カード）（Gerstadt et al., 1994をもとに作成）

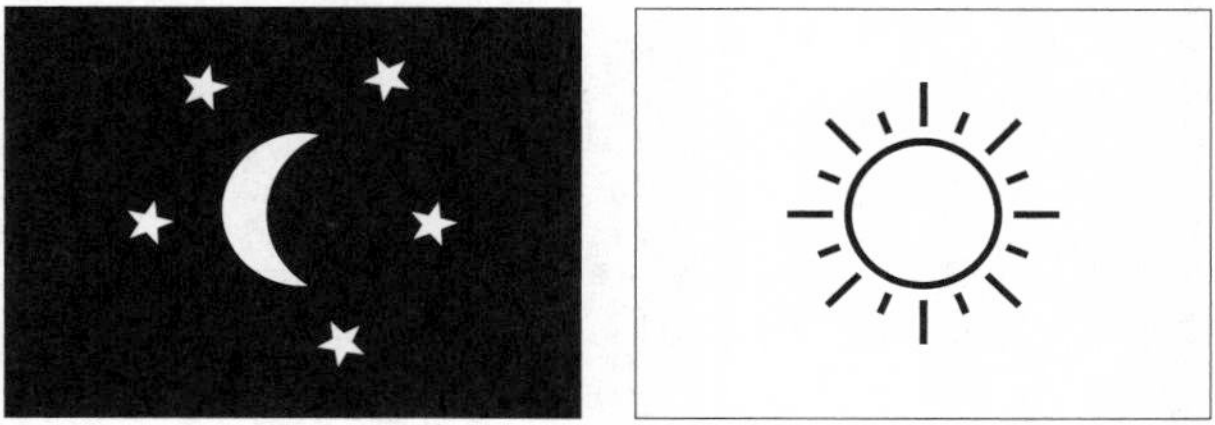

幼児用としてよく使われるストループ課題は、昼・夜課題（day-night Stroop task）です[※34]。図44にあるように、この課題では、黒いカードに白い月が描かれた「夜」カードと、白いカードに黄色い太陽が描かれた「昼」カードを使います。子どもは、「夜」カードが示された場合には「昼」、「昼」カードが示された場合には「夜」と答えるよう指示されます。明らかに昼の様子が描かれたカードに「夜」と答えるためには、「昼」と答える反応を抑制させなければなりません。これは3歳ではかなり難しいのですが、課題の通過率は4歳から5歳にかけて急速に上がっていきます[※34]。

自己制御能力を育む——大人になってからの成功や健康を左右する？

子ども時代の自己制御能力が、青年期や成人期の成功や健康を予測することが世界各地で示され、大きな注目を浴びています。

すでに紹介したマシュマロテストも、幼児期におけるパフォーマンスが何十年も先の学業成績や社会性、誘惑への抵抗力などを予測する点で大きな注目を浴びてきました。しかしながら、近年、養育者の学歴や養育スタイル、ほかの認知能力を考慮すると強い予測力がなくなること、[※35]この課題においては自己制御能力だけでなく他者への信頼がより大きく反映されることが示されており、[※36]この点は注意が必要です。

より信頼性の高い研究成果のひとつとして近年注目されているのが、ニュージーランドのダニーデンという小さな町でなされた長期縦断研究です。[※37]

1970年代のある年に生まれた子ども約1000名を追跡調査したところ（この研究では96％が32歳になるまで追跡できた点で驚異的です）、子どもの頃（3歳から11歳までの2年おきに測定した統合指標）あるいは就学前期（3、5歳の就学前だけ取り出した統合指標）の自己制御能力は32歳になった時点での身体的健康、物質依存、経済状況、犯罪行為を予測することが示されています。

子ども時代の社会階層やＩＱによる影響を除外しても、こうした関係性がみられたという点が大きな意味をもちます。また、この研究ではマシュマロテストのように単一の課題ではなく、教師や親、自己報告・評定を複合した指標を作成して分析された点も重要であり、認知的な自己制御と情動的な自己制御の両者を含めた総合的なものと考えてよいでしょう。

それでは幼児の自己制御能力を育むうえで大事な養育態度や行動とは、どのようなものでしょうか。

森口は、自己制御の発達[※32]（当文献中では実行機能という言葉で示されています）に影響を与えうる遺伝要因、環境要因について網羅的に整理したうえで、発達に悪影響を与えるものについては科学的に明確な結論が出ていると指摘しています。[※38]なかでも、最大の悪影響は、ネグレクトなどの虐待や体罰などによって、子どもとの関係が築けず、子どもに安心した環境を与えないことです。すなわち、生後まもなくからの養育者に対する安定したアタッチメント形成が決定的に大事だということです。

一方、自己制御能力の発達を促進する要因については明確な結論づけはできないとしています。せいぜいいえるのは、支援的な子育て（子どもの力を信じ、親が先回りをせず、後ろから支える）、しっかりとした生活習慣を築くべく管理すること（罰による強制ではなくルール遵守を求め一貫して繰り返しいい聞かせるなど）がよい、と指摘しています。

まとめ

本章でみてきたように、身の回りの世界だけでなく、自分自身についての理解も、以前考えられていたよりもはるか早期、生後すぐからその起源がみられることが明らかになってきました。

これを土台として、生まれ落ちた頃から物理的環境や他者とのかかわりを通して豊かな自己を形成していく、有能で能動的な子どもの姿を示してきました。私たち大人が子どもをどういう存在としてとらえるかは子どもに対するかかわり方に大きく影響します。そしてまたそのかかわり方が子どもの自己形成に織り込まれていく。このような循環のなかで子どもは自己を紡いでいくことになります。子どもをよくみて、子どもによる自己づくりを支えていく。そのようなスタンスでかかわっていきたいものです。

おわりに

本書の前身となった『乳幼児は世界をどう理解しているか』（新曜社）出版から、ちょうど10年がたとうとしています。執筆にあたっては、第1章・第3章・第4章を外山が、第2章・第5章・第6章を中島が担当しましたが、著者ふたりですべての章について内容の検討を行いました。特に新曜社版を再構成するにあたって新しく取り上げた話題については、どの章のどの箇所に入れるかについて、議論しました。この間の研究の進展をうまく反映して再構成できたかどうか、心もとない点もありますが、本書の執筆は、新たな知見を確認しながら認知発達過程をとらえ直すきっかけとなりました。

前著との違いをひとつあげるとすると、他者とのかかわりのなかで発達する子どもの描出に、より力を入れました。驚くべき子どもの有能性をお伝えしながらも、他者とのかかわりのなかでこそ、それらが発揮され、育ちへとつながる様をより詳しく描きたいと思いました。この思いが本書をつらぬくひとつの軸であり、新書版での新しさのひとつです。

子どもは未熟でか弱い。だから正しい方向に教え導く必要がある。

大切な子どもを目の前にすると、どうしても肩に力が入ってしまい、こんなふうに考えてしまいがちです。もっと子どもにゆだねる部分があってもよいのかもしれない、子どもの面白さや不思議さを味わいながら、必要なときにそっとあと押しするスタンスでもよいのではないか。子どもにかかわる方々が、本書を通して、そのようにお感じになり、子どもとともに過ごすひとときが、より楽しいものになればよいと願っています。

本書から、人間の発達過程の面白さ、不思議さを感じ取り、その先をもっと知りたいとの知的興奮を味わっていただけたとしたら、この上ない喜びです。私たちが子どもの研究を続けている一番の動機も実はそこにあるのです。

最後になりましたが、本書の出版にあたって、丁寧にご対応くださった新曜社の塩浦暲氏、伝えたい子どもの姿を温かい雰囲気のイラストとして表現してくださったはらぐちあつこ氏、ユーモアのある素敵な推薦文を寄せてくださった慶応義塾大学の今井むつみ氏、広い読者層を視野にいれたアイデアをくださった担当編集者の村上峻亮氏に、心より感謝申し上げます。ありがとうございました。

2023年10月　中島伸子・外山紀子

＊本書は、二〇一三年三月に新曜社より刊行された
『乳幼児は世界をどう理解しているか』を改題、加筆修正し、新書化しました。

coping. *Developmental Psychology,* 35, 835-847.
28 Blackwell, L. S., Trzesniewski, K. H., & Dweck, C. S. (2007). Implicit theories of intelligence predict achievement across an adolescent transition: A longitudinal study and an intervention. *Child Development,* 78, 246-263.
29 森口佑介. (2018). 『自己制御の発達と支援』金子書房.
30 Mischel, W. (2014) . *The marshmallow test: Understanding self-control and how to master it.* Bantam Press. (ミッチェル(著)柴田裕之(訳). (2015). 『マシュマロ・テスト:成功する子・しない子』早川書房.)
31 Steelandt, S., Thierry, B., Broihanne, M.-H., & Dufour, V. (2012). The ability of children to delay gratification in an exchange task. *Cognition,* 122, 416-425.
32 森口佑介. (2019). 『自分をコントロールする力:非認知スキルの心理学』講談社.
33 Mischel, W., & Metzner, R. (1962). Preference for delayed reward as a function of age, intelligence, and length of delay interval. *The Journal of Abnormal and Social Psychology,* 64, 425-431.
34 Gerstadt, C. L., Hong, Y. J., & Diamond, A. (1994). The relationship between cognition and action: Performance of children 3 1/2-7 years old on a Stroop-like day-night test. *Cognition,* 53, 129-153.
35 Watts, T. W., Duncan, G. J., & Quan, H. (2018). Revisiting the marshmallow test: A conceptual replication investigating links between early delay of gratification and later outcomes. *Psychological Science,* 29, 1159-1177.
36 Michaelson, L. E., & Munakata, Y. (2016). Trust matters: Seeing how an adult treats another person influences preschoolers' willingness to delay gratification. *Developmental Science,* 19, 1011-1019.
37 Moffitt, T. E., Arseneault, L., Belsky, D., Dickson, N., Hancox, R. J., Harrington, H., Houts, R., Poulton, R., Roberts, B. W., Ross, S., Sears, M. R., Thomson, W. M., & Caspi, A. (2011). A gradient of childhood self-control predicts health, wealth, and public safety. *PNAS Proceedings of the National Academy of Sciences of the United States of America,* 108, 2693-2698.
38 森口佑介. (2021). 『子どもの発達格差:将来を左右する要因は何か』PHP研究所.

Development, 29, 496-504.

15 佐久間路子・遠藤利彦・無藤隆. (2000). 幼児期・児童期における自己理解の発達:内容的側面と評価的側面に着目して. 発達心理学研究, 11, 176-187.

16 Lockhart, K. L., Nakashima, N., Inagaki, K., & Keil, F.C. (2008) . From Ugly duckling to swan? Japanese and American beliefs about the stability and origins of traits. *Cognitive Development*, 23, 155-179.

17 中島伸子・稲垣佳世子. (2007). 子どもの楽天主義:望ましくない特性の変容可能性についての信念の発達. 新潟大学教育人間科学部紀要, 229-240.

18 Diesendruck, G., & Lindenbaum, T. (2009). Self-protective optimism: Children's biased beliefs about the stability of traits. *Social Development*,18, 946-961.

19 Ruble, D.N., & Dweck, C. S. (1995). Self-perceptions, person conceptions, and their development. *Social developmont*, 15 , 109-139.

20 Yussen, S.R, Levy, V. M. (1975). Developmental changes in predicting one's own span of short-term memory. *Journal of Experimental Child Psychology*, 19, 502-508.

21 Bjorklund, D. F. (2007). *Why youth is not wasted on the young: Immaturity in human development*. Blackwell Publishing.

22 Bjorklund, D. F., & Green, B. L. (1992) . The adaptive nature of cognitive immaturity. *American Psychologist*, 47, 46-54.

23 Lockhart, K. L., Chang, B., & Story, T. (2002). Young children's beliefs about the stability of traits: Protective optimism? *Child Development*, 73, 1408-1430.

24 柏木惠子. (2008).『子どもが育つ条件:家族心理学から考える』岩波書店.

25 Dweck, C. S.(2006). Mindset. Random House. (ドゥエック(著)今西康子(訳). (2008).『「やればできる!」の研究— 能力を開花させるマインドセットの力』草思社.)

26 Mueller, C. M., & Dweck, C. S. (1998). Praise for intelligence can undermine children's motivation and performance. *Journal of Personality and Social Psychology*, 75, 33-52.

27 Kamins, M. L., & Dweck, C. S. (1999). Person versus process praise and criticism: Implications for contingent self-worth and

3　Amsterdam, B. (1972). Mirror self-image reactioms before age two. *Developmental psychobiology*, 5, 297-305.
4　Brooks-Gunn, J. & Lewis, M. (1984) . The development of early visual self-recognition. *Developmental Review*, 4, 215-239.
5　Povinelli, D. J., Landau, K. R., & Perilloux, H. K. (1996). Self-recognition in young children using delayed versus live feedback: Evidence of a developmental asynchrony. *Child Development*, 67, 1540-1554.
6　内藤美加. (2008).「時間の旅、私の体験、そして語られる文化：自伝的記憶の発生」. 仲真紀子(編).『シリーズ：自己心理学第4巻：認知心理学へのアプローチ』第1章(8-29). 金子書房.
7　坂上裕子. (2015).「子どもが「わたし」の物語を紡ぎはじめるまで」『発達144』Vol.36, 14-20. ミネルヴァ書房.
8　Hill, S. D., Bundy, R. A., Gallup, G. G., & McClure, M. K. (1970). Responsiveness of young nursery reared chimpanzees to mirrors. In *Proceedings of the louisiana academy of sciences*, 33, 77-82.
9　Rochat, P., & Hespos, S. J. (1997). Differential rooting response by neonates: Evidence for an early sense of self. *Early Development and Parenting*, 6, 105-112.
10　Rochat, P., & Morgan, R. (1995). Spatial determinants in the perception of self-produces leg movements by 3- to 5-month-old infants. *Developmental Psychology*, 31, 626-636.
11　Neisser, U. (1993). The self perceived. In U. Neisser (Ed.), *The perceived self: Ecological and interpersonal sources of self-knowledge* (3-21). Cambridge University Press.
12　Tronick, E., Als, H., Adamson, L., Wise, S., & Brazelton, T.B. (1978). The infant's response to entrapment between contradictory messages in face-to-face interaction. *Journal of the American Academy of Child Psychiatry*, 17, 1-13.
13　川田学. (2008).「赤ちゃんの自己認識」. 仲真紀子(編).『シリーズ：自己心理学第4巻：認知心理学へのアプローチ』トピック1(47-48). 金子書房.
14　Keller,H., Kärtner , J., Borke, J., Yovsi, R., & Kleis, A. (2005). Parenting styles and the development of the categorical self: A longitudinal study on mirror self-recognition in Cameroonian Nso and German families. *International Journal of Behavioral*

and culture. Cambridge University Press, 412-430.
35 Samarapungavan, A., Vosniadou, S., & Brewer, W.F. (1996). Mental models of the earth, sun, and moon: Indian children's cosmologies. *Cognitive Development*, 11, 491-521.
36 Diakidoy, I.A., Vosniadou, S., & Hawks, J.D. (1997). Conceptual change in astronomy: models of the earth and of the day/night cycle in American-Indian children. *European Journal of Psychology of Education*, 12, 159-184.
37 Siegal, M., Butterworth, G., & Newcombe, P. A. (2004). Culture and children's cosmology. *Developmental Science*, 7, 308-324.
38 Nobes, G., Frède, V., & Panagiotaki, G. (2022). Astronomers' representations of the earth and day/night cycle: Implications for children's acquisition of scientific concepts. *Current Psychology*, 42, 17612-17631.
39 Nobes, G., Moore, D. G., Martin, A.E., Clifford, B. R., Butterworth, G., Panagiotaki, G., & Siegal, M. (2003). Children's understanding of the earth in a multicultural community: mental models or fragments of knowledge? *Developmental Science*, 6, 72-85.
40 Siegal, M. (2008). *Marvlous minds: The discovery of what children know*. Oxford University Press. (シーガル(著)外山紀子(訳).(2010).『子どもの知性と大人の誤解─子どもが本当に知っていること』新曜社.)
41 中島伸子. (2011). 天文学の領域での概念変化:地球についての子どもの理解. 心理学評論, 54, 268-282.
42 ヴィゴツキー, L. S. 柴田義松(訳). (1962).『思考と言語(下)』明治図書.
43 ヴィゴツキー, L. S. 柴田義松(訳). (1975).『子どもの知的発達と教授』(1933年 レニングラード児童学研究所科学方法論協議会における報告記録「学齢期における生活的概念と科学的概念の発達」) 明治図書.
44 文部科学省. (2022).「幼保小の架け橋プログラムの実施に向けての手引き(初版)」.

第6章

1 Lewis, M., & Brooks-Gunn, J. (1979). *Social Cognition and the Acquisition of Self*. Plenum Press.
2 Gallup, G. G., Jr., (1970). Chimpanzees: Self-recognition. *Science*, 167, 86-87.

20 Kaiser, M.K., Profitt, D. R. & McCloskey, M. (1985). The development of beliefs about falling objects. *Perception & Psychophysics*, 38, 533-539.

21 Clement, J. (1982). Students' preconceptions in introductory mechanics. *American Journal of Physics*, 50, 66-71.

22 村山功. (1989).「自然科学の理解」. 鈴木宏昭・鈴木高士・村山功・杉本卓(著).『教科理解の認知心理学』(99-151). 新曜社.

23 Hood, B. M. (1995). Gravity rules for 2-to 4-year-olds? *Cognitive Development*, 10, 577-598.

24 Hood, B. M. (1998). Gravity does rule for falling events. *Developmental Science*, 1,59-63.

25 Hood, B.M., Santos, L. & Fieselman, S. (2000). Two-year-olds'naive predictions for horizontal trajectories. *Developmental Science*, 3, 328-332.

26 Hood, B.M., Wilson, A., & Dyson, S. (2006). The effect of divided attention on inhibiting the gravity error. *Developmental Science*, 9, 303-308.

27 森口佑介. (2018).『自己制御の発達と支援』金子書房.

28 Bascandziev, I., & Harris, P. L. (2010). The role of testimony in young children's solution of a gravity-driven invisible displacement task. *Cognitive Development*, 25, 233-246.

29 Bascandziev, I., Powell, L. J., Harris, P. L., & Carey, S. (2016). A role for executive functions in explanatory understanding of the physical world. *Cognitive Development*, 39, 71-85.

30 中島伸子. (2000).『知識獲得の過程:科学的概念の獲得と教育』風間書房.

31 Vosniadou, S (1994). Capturing and modeling the process of conceptual change. *Learning and Instruction*, 4, 45-69.

32 Vosniadou, S., & Brewer, W.F. (1992). Mental models of the earth: A study of conceptual change in childhood. *Cognitive Psychology*, 24, 535-585.

33 Vosniadou, S., & Brewer, W.F. (1994). Mental models of the day/night cycle. *Cognitive science*, 18, 123-183.

34 Vosniadou, S (1994). Universal and culture-specific properties of children's mental models of the earth. In L.A. Hirschfeld & S.A. Gelman (Eds.), Mapping the mind: Domain specificity in cognition

7 Baillargeon, R.(1993). The object concept revisited: New direction in the investigation of infants' physical knowledge. In C.E.Granrud (Ed.), *Visual Perception and Cognition in Infancy*. Lawrence Erlbaum Associates, 265-315.

8 Spelke, E.S., Breinlinger, K., Macomber, J. & Jacobson, K. (1992). Origins of knowledge. *Psychological Review*, 99, 605-632.

9 Spelke, E. (1994). Initial knowledge: Six suggestions. *Cognition*, 50, 431-445.

10 Needham, A. & Baillargeon, R. (1993). Intuitions about support in 4.5 month-old infants. *Cognition*, 47, 121-148.

11 Baillargeon, R., Kotovsky, L. & Needham, A. (1995). The acquisition of physical knowledge in infancy. In D. Sperber, D. Premack, & A. J. Premack (Eds.) , Causal Cognition: A multidisciplinary debate. Oxford University Press.

12 Baillargeon, R., Needham, A., DeVos, J. (1992).The development of young infants' Intuitions about support. *Early Development and Parenting*, 1, 69-78.

13 富田昌平. (2009). 幼児期における不思議を楽しむ心の発達：手品に対する反応の分析から. 発達心理学研究, 20, 86-95.

14 富田昌平. (2012).「子どもの想像世界と現実」. 清水由紀・林創(編著). 『他者とかかわる心の発達心理学』(197-212). 金子書房.

15 Hood, B., Cole-Davies, V., & Dias, M.(2003). Looking and search measures of objects knowledge in preschool children. *Developmental Psychology*, 39, 61-70.

16 Gjersoe, N. L. & Hood, B.M.(2009). Clever eyes and stupid hands: Current thoughts on why dissociations of apparent knowledge occur on solidity tasks. In B. M. Hood & L. R. Santos(Eds.), The origin of object knowledge. Oxford University Press.

17 Hauser, M. D. (2003). Knowing about knowing: dissociations between perception and action systems over evolution and in development. *Annals of the New York Academy of Sciences*, 1, 1-25.

18 木下孝司・加用文雄・加藤義信. (2011).『子どもの心的世界のゆらぎと発達』ミネルヴァ書房.

19 McCloskey, M., Washburn, A., & Felch, L.(1983). Intuitive physics: The straight-down belief and its origin. *Journal of Experimental Psychology: Learning, Memory, and Cognition*, 9, 636-649.

Examining the diversity of prosocial behavior: Helping, sharing, and comforting in infancy. *Infancy*, 16, 227-247.
33 Brownell, C. A., Iesue, S. S., Nichols, S. R., & Svetlova, M. (2013). Mine or yours?: Development of sharing in toddlers in relation to ownership understanding. *Child Development,* 84, 906-20.
34 Fehr, E., Bernhard, H., & Rockenbach, B. (2008). Egalitarianism in young children. *Nature*. 454(7208), 1079-1083.
35 熊木悠人 (2016). 幼児期の分配行動の発達的基盤:動機の変化と実行機能の役割. 発達心理学研究, 27, 167-179.
36 Takagishi, H., Kameshima, S., Schug, J., Koizumi, M., & Yamagishi, T. (2010). Theory of mind enhances preference for fairness. *Journal of Experimental Child Psychology*, 105, 130-137.
37 外山紀子. (2008).『発達としての共食』新曜社.
38 川田学・塚田－城みちる・川田暁子. (2005). 乳児期における自己主張性の発達と母親の対処行動の変容:食事場面における生後5ヶ月から15ヶ月までの縦断研究. 発達心理学研究, 16, 46-58.
39 Tomasello M. (1993). On the interpersonal origins of self-concept. In: Neisser U, editor. *The perceived self: Ecological and interpersonal sources of self-knowledge*(174-184). Cambridge University Press.

第5章

1 Baillargeon, R., Spelke, E., & Wasserman, S. (1985). Object permanence in five-month-old infants. *Cognition*, 20, 191-208.
2 Baillargeon, R.(1987).Object permanence in 3½- and 4½-month-old infants. *Developmental Psychology*, 23, 655-664.
3 菅井洋子. (2020).「第6章 乳児保育における言葉を育む保育実践」. 秋田喜代美・砂上史子(編).『子どもの姿からはじめる領域・言葉』(95-111) みらい.
4 Slater, A., & Quinn, P. (2012). Developmental psychology: Revisiting the classic studies. SAGE.(スレーター&クィン(著)加藤弘通・川田学・伊藤崇(監訳). (2017).『発達心理学・再入門—ブレークスルーを産んだ14の研究』新曜社.)
5 旦直子. (2007).『乳児における重力法則理解の発達』風間書房.
6 Spelke, E. S. (1991).Physical knowledge in infancy. In S. Carey, & R. Gelman (Eds.), *The epigenesist of mind: Essays on biology and cognition*. Lawrence Erlbaum Associates, 133-169.

今野義孝(訳). (1997).『自閉症とマインド・ブラインドネス』青土社.)
21 Senju A, Southgate V, Miura Y, Matsui T, Hasegawa T, Tojo Y, Osanai H, & Csibra G (2010). Absence of spontaneous action anticipation by false belief attribution in children with autism spectrum disorder. *Development and Psychopathology*, 22, 353-360.
22 Demetriou, E. A., Lampit, A., Quintana, D. S., Naismith, S. L., Song Y. J. C., Pye, J. E., Hickie, I., & Guastella, A. J. (2018). Autism spectrum disorders: A meta-analysis of executive function. *Molecular Psychiatry*, 23, 1198-1204.
23 Tager-Flusberg, H. & Sullivan, K. (1994). A second look at second-order belief attribution in autism. *Journal of Autism and Developmental Disorders*, 24, 577-586.
24 藤野博・松井智子・東條吉邦・計野浩一郎. (2017). 言語的命題化は自閉スペクトラム症児の誤信念理解を促進するか?:介入実験による検証. 発達心理学研究, 28, 106-114.
25 Astington, J. W. (1993). *The child's discovery of the mind*. Harvard University Press. (アスティントン(著)松村暢隆(訳). (1995).『子供はどのように心を発見するか:心の理論の発達』新曜社.)
26 Lewis, M., Stranger, C., & Sullivan, M.W. (1989). Deception in 3-year-olds. *Developmental Psychology*, 25, 439-443.
27 Talwar, V., & Lee, K. (2002). Development of lying to conceal a transgression: Children's control of expressive behavior during verbal deception. *International Journal of Behavioral Development*, 26, 436-444.
28 Polak, A. & Harris, P. L. (1999). Deception by young children following noncompliance. *Developmental Psychology*, 35, 561-568.
29 Talwar, V., Gordon, H. M., & Lee, K. (2007). Lying in the elementary school years: Verbal deception and its relation to second-order belief understanding. *Developmental Psychology*, 43, 804-810.
30 Wang, Y., Hong, S., Pei, M. Wang, X., & Su. Y. (2022). Emotion matters in early polite lies: Preschoolers' polite lie-telling in relation to cognitive and emotion-related abilities. *Social Development*, 31, 406-422.
31 小林佳世子. (2021).『最後通牒ゲームの謎:進化心理学からみた行動ゲーム理論入門』日本評論社.
32 Dunfield, K., Kuhlmeier, V. A., O'Connell, L., & Kelly, E. (2011).

Great apes anticipate that other individuals will act according to false beliefs. *Science*, 354(6308), 110-114.

6 Carlson, S. M., & Moses, L. J. (2001). Individual differences in inhibitory control and children's theory of mind. *Child Development*, 72, 1032-1053.

7 郷式徹. (2016).「「心の理論」と実行機能」. 子安増生(編著).『「心の理論」から学ぶ発達の基礎』(29-40). ミネルヴァ書房.

8 Milligan, K., Astington, J. W., & Dack, L. A. (2007). Language and theory of mind: Meta-analysis of the relation between language ability and false-belief understanding. *Child Development*, 78, 622-646.

9 Astington, J. W. & Baird, J. A. (2005). *Why language matters for theory of mind*. Oxford University Press.

10 Dunn, J., Brown, J., Slomkowski, C., Tesla, C., & Youngblade, L. (1991). Young children's understanding of other people's feelings and beliefs: Individual differences and their antecedents. *Child Development*, 62, 1352-1366.

11 園田菜摘. (1999). 3歳児の欲求, 感情, 信念理解:個人差の特徴と母子相互作用の関連. 発達心理学研究, 10, 177-188.

12 東山薫. (2016).「「心の理論」の発達の文化差」. 子安増生(編著).『「心の理論」から学ぶ発達の基礎』(55-65). ミネルヴァ書房.

13 Onishi, K. H. & Baillargeon, R. (2005). Do 15-month-old infants understand false beliefs? *Science*, 308(5719), 255-258.

14 Schulze, C., & Buttelemann, D. (2022). Infants differentiate between successful and failed communication in a false-belief context. *Infant Behavior and Development*, 69, 101770.

15 佐伯胖. (2001).『幼児教育へのいざない:円熟した保育者になるために』東京大学出版会.

16 佐伯.『幼児教育へのいざない』. 前掲書(65-82).

17 佐伯.『幼児教育へのいざない』. 前掲書(76, l.7).

18 American Psychiatric Association (2013). DSM-5. 日本精神神経学会(日本語版用語監修), 高橋三郎・大野裕(監訳)『DSM-5精神疾患の分類と診断の手引』(2014)医学書院.

19 厚生労働省. (2020). e-ヘルスネット. https://www.e-healthnet.mhlw.go.jp /information /heart /k-03-005.html (2022年12月10日閲覧)

20 Baron-Cohen, S. (1995) . *Mindblindness: An essay on autism and theory of mind*. MIT Press. (バロン=コーエン(著)長野敬・長畑正道・

parental, and experiential influences. *Journal of Experimental Child Psychology*, 166, 96-115.
34 Bering, J. M., & Bjorklund, D. F. (2004). The natural emergence of reasoning about the afterlife as a developmental regularity. *Developmental Psychology*, 40, 217-233.
35 Bering, J. M. (2002). Intuitive conceptions of dead agents' minds: The natural foundations of afterlife beliefs as phenomenological boundary. *Journal of Cognition and Culture*, 2, 263-308.
36 Gelman, S. A., & Legare, C. H. (2011). Concepts and folk theories. *Annual Review of Anthropology*, 40, 379-398.
37 Foster, G. M., & Anderson, B. G. (1978). *Medical anthropology*. John Wiley & Sons. (フオスター&アンダーソン(著)中川米造 (監訳). (1987).『医療人類学』リブロポート.)
38 国立がん研究センター https://ganjoho.jp/public/index.html(2022年11月閲覧)
39 Toyama, N. (2020). Development of implicit links between effort, pain, and recovery. *Child Development*, 91, e919-e936.
40 道家達将. (1994).『からだの認識と医療』岩波書店.
41 波平恵美子. (1984).『病気と治療の文化人類学』海鳴社.

第4章

1 Premack, D., & Woodruff, G. (1978). Does the chimpanzee have a theory of mind? *Behavioral and Brain Sciences,* 1, 515-526.
2 Premack, D. (1988). 'Does the chimpanzee have a theory of mind?' revisited. In R. W. Byrne (Ed.), *Machiavellian intelligence: Social expertise and the evolution of intellect in monkeys, apes, and humans* (160-179). Oxford University Press. (リチャード・バーン+アンドリュー・ホワイトゥン(編)藤田和生・山下博志・友永雅己(訳). (2004).『マキャベリ的知性と心の理論の進化論』(176-201). ナカニシヤ出版.)
3 Baron-Cohen, S., Leslie A. M., & Frith, U. (1985). Does the autistic child have a "theory of mind"? *Cognition,* 21, 37-46.
4 Wellman, H. M., Cross, D., & Watson, J. (2001) . Meta-analysis of theory-of-mind development: The truth about false belief. *Child Development,* 72, 655-684.
5 Krupenye, C., Kano, F., Hirata, S., Call, J., & Tomasello, M. (2016).

22 Bares, C. B., & Gelman, S. A. (2008). Knowledge of illness during childhood: Making distinctions between cancer and colds. *International Journal of Behavioral Development*, 32, 443-450.

23 Myant, K. A., & Williams, J. M. (2005). Children' s concepts of health and illness: Understanding of contagious illnesses, non-contagious illnesses and injuries. *Journal of Health Psychology*, 10, 805-819.

24 Kalish, C. W. (1997) . Preschoolers' understanding of mental and bodily reactions to contamination: What you don't know can hurt you, but cannot sadden you. *Developmental Psychology*, 33, 79-91.

25 Au, T. K., and Romo, L. F. (1999). Mechanical causality in children's "folkbiology" . In D.L. Medin, & S. Atran (Eds), *Folkbiology*, (355-401). The MIT Press.

26 稲垣佳世子. (2010). 若年成人・中高年者における病因についての生気論的理解. 日本心理学会第74回大会発表論文集.

27 Legare, C. H., & Gelman, S. A. (2008) Bewitchment, biology, or both: The co-existence of natural and supernatural explanatory frameworks across development. *Cognitive Science*, 32, 607-642.

28 Raman, L., & Winer, G. A. (2004) Evidence of more immanent justice responding in adults than children: A challenge to traditional developmental theories. *British Journal of Developmental Psychology*, 22, 255-274.

29 Speece M. W., & Brent, S. B. (1996) . Development of children's understandings of death. In C. A. Corr & D. M. Corr (Eds.), *Handbook of childhood death and bereavement* (29-50). Springer.

30 Nguyen, S., & Gelman, S. A. (2002). Four and 6-year-olds' biological concept of death: The case of plants. *British Journal of Developmental Psychology*, 20, 495-513.

31 Brent, S. B., & Speece, M. W. (1993). "Adult" conceptualization of irreversibility: Implications for the development of the concept of death, *Death Studies*, 17, 203-224.

32 Speece, M. W., & Brent, S. B. (1992). The acquisition of a mature understanding of three components of the concept of death. *Death Studies*, 16, 211-229.

33 Panagiotaki, G., Hopkins, M., Nobes, G., Ward, E., & Griffiths, D. (2018). Children's and adults' understanding of death: Cognitive,

Palmer Quarterly, 57, 129-157.
9 Toyama, N. (2013). Children's causal explanations of psychogenic bodily reactions. *Infant and Child Development*, 22, 216-234.
10 Zaitchik, D., & Solomon, G. E. A. (2008). Animist thinking in the elderly and in patients with Alzheimer's disease. *Cognitive Neuropsychology*, 25, 27-37.
11 Goldberg, R. F., & Thompson-Schill, S. L. (2009). Developmental "roots" in mature biological knowledge. *Psychological Science*, 20, 480-487.
12 Rosengren, K. S., Gelman, S. A., Kalish, C. W., & McCormick, M. (1991). As time goes by: Children's early understanding of growth in animals. *Child Development*, 62, 1302-1320.
13 Inagaki, K., & Hatano, G. (1996). Young children's recognition of commonalities between animals and plants. *Child Development*, 67, 2823-2840.
14 Wellman, H. M., & Johnson, C. N. (1982). Children's understanding of food and its functions: A preliminary study of the development of concepts of nutrition. *Journal of Applied Developmental Psychology*, 3, 135-148.
15 Slaughter, V., & Ting, C. (2010). Development of ideas about food and nutrition from preschool to university. *Appetite*, 55, 556-564.
16 Toyama, N. (2000). "What are food and air like inside our bodies?" : Children' s thinking about digestion and respiration. *International Journal of Behavioral Development*, 24, 222-230.
17 中島伸子. (2010). 年をとるとなぜ皺や白髪が増えるの?:老年期特有の身体外観上の加齢変化についての幼児の理解. 発達心理学研究, 21, 95-105.
18 Lerner, M. J. (1980). *The belief in a just world: A fundamental delusion*. Plenum Press.
19 Piaget, J. (1932/1965). *The Moral judgement of the child*. Routledge & Kagan Paul.
20 Kister, M. C., & Patterson, C. J. (1980). Children's conceptions of the causes of illness: Understanding of contagion and use of immanent justice. *Child Development*, 51, 839-846.
21 Siegal, M. (1988). Children's knowledge of contagion and contamination as causes of illness. *Child Development*, 59, 1353-1359.

38 Goodman, G.S., Hirschman, J., Hepps, D., & Rudy, L. (1991). Children's memory for stressful events. *Merrill-Palmer Quarterly*, 37, 109-157.
39 大神田麻子. (2011).「子どもが『うん』と言ってしまう不思議」. 清水由紀・林創(編著).『他者とかかわる心の発達心理学』(167-181). 金子書房.
40 仲真紀子. (2008).「子どもの証言は信用できるか」. 内田伸子(編).『よくわかる乳幼児心理学』(120-121). ミネルヴァ書房.
41 仲真紀子. (2016).『子どもへの司法面接:考え方・進め方とトレーニング』有斐閣.
42 仲真紀子・小野瀬雅人. (2022). 学会企画チュートリアル・セミナー2 子どもからどう話を聞くか:事故、校則違反、いじめ等が疑われる場合の学校での事実の調査. 日本教育心理学会第64回総会発表論文集, 48-49.
43 文部科学省. (2022).「生徒指導提要」.
44 Chi, M. T. H. (1978) Knowledge structures and memory development. In R.S. Siegler (Ed.), *Children's thinking: What develop?* Erlbaum. 73-96.

第3章

1 Klingensmith, S. W. (1953). Child animism; What the child means by "alive". *Child Development*, 24, 51-61.
2 Carey, S. (1985). *Conceptual change in childhood*. MIT Press. (ケアリー(著)小島康次・小林好和 (訳). (1994).『子どもは小さな科学者か』ミネルヴァ書房.)
3 Inagaki, K., & Hatano, G. (1993). Young children's understanding of the mind-body distinction. *Child Development*, 64, 1534-1549.
4 Morris, S. C., Taplin, J. E., & Gelman, S. A. (2000). Vitalism in naive biological thinking. *Developmental Psychology*, 36, 582-595.
5 Inagaki, K. & Hatano, G. (2002). *Young children's naïve thinking about the biological world*. Psychology Press.
6 Toyama, N. (2019). Development of integrated explanations for illness. *Cognitive Development*, 51, 1-13.
7 Toyama, N. (2010). Japanese children's and adults' awareness of psychogenic bodily reactions. *International Journal of Behavioral Development*, 34, 1-9.
8 Toyama, N. (2011). Japanese children's and adults' reasoning about the consequences of psychogenic bodily reactions. *Merrill-*

25　内藤美加. (2008).「時間の旅、私の体験、そして語られる文化：自伝的記憶の発生」. 仲真紀子(編).『シリーズ：自己心理学第4巻：認知心理学へのアプローチ』(8-29). 金子書房.
26　木下孝司. (2005).「"心の理解"研究の新しいかたち」. 遠藤利彦(編著).『発達心理学の新しいかたち』(159-185). 誠信書房.
27　Nelson, K. (1993).The psychological and social origins of autobiographical memory. *Psychological Science*, 4, 7-14.
28　Nelson, K., & Fivush, R. (2004). The emergence of autobiographical memory: A social cultural developmental theory. *Psychological Review*, 111, 486-511.
29　Fivush, R., & Fromhoff, F. A. (1988). Style and structure in mother-child conversations about the past. *Discourse processes*, 11, 337-355.
30　Reese, E., Haden, C.A., & Fivush, R. (1993). Mother-child conversations about the past: Relationships of style and memory over time. *Cognitive Development*, 8, 403-430.
31　Loftus, E., & Ketcham, K. (1996). *The myth of repressed memory: False memories and allegations of sexual abuse*. Macmillan.(ロフタス&ケッチャム(著)仲真紀子(訳). (2000).『抑圧された記憶の神話―偽りの性的虐待をめぐって』誠信書房.)
32　杉村智子. (2004).「目撃者としての子ども」. 杉村伸一郎・坂田陽子(編).『実験で学ぶ発達心理学』(52-61). ナカニシヤ出版.
33　Leichtman, M. D. & Ceci, S. J. (1995). The effects of stereotypes and suggestions on preschoolers' reports. *Developmental Psychology*, 31, 568-578.
34　Gudjonsson, G. H. (1987). A parallel form of the gudjonsson suggestibility Scale. *British Journal of Clinical Psychology*, 26, 215-221.
35　Ratner, H.H., Foley, M.A., & Gimpert, N. (2002). The role of collaborative planning in children's source-monitoring errors and learning. *Journal of Experimental Child Psychology*, 81, 44-73.
36　Drummey , A. B., & Newcombe, N. S. (2002). Developmental changes in source memory. *Developmental Science*, 5, 502-513.
37　Ruffman, T., Rustin, C., Garnham, W. & Parkin, A. J. (2001). Souce monitoring and false memories in children: Relation to certainty and executive functioning. *Journal of Experimental Child Psychology*, 80, 95-111.

11 Corriveau, K., & Harris, P. L. (2009). Choosing your informant: Weighing familiarity and recent accuracy. *Developmental science*, 12, 426-437.

12 矢野喜夫.(1988).「幼い時代の記憶」. 岡本夏木(編).『認識とことばの発達心理学』(232-262). ミネルヴァ書房.

13 上原泉. (2005). 4. 子どもはどれくらい幼少期の個人的な出来事を想起できるのか-縦断的な事例研究-(自伝的記憶研究の理論と方法(2)内). 認知科学テクニカルレポート No.55, 17-21.

14 上原泉. (2008).「思い出のはじまり:初期のエピソード」. 仲真紀子(編).『シリーズ:自己心理学第4巻:認知心理学へのアプローチ』(30-46). 金子書房.

15 小谷津孝明. (1991). 最幼児期記憶の周辺. イマーゴ, 7, 89-97.

16 Fivush, R., Gray, J. T., & Fromhoff, F. A.(1987). Two-year-olds talk about the past. *Cognitive development*, 2, 393-409.

17 Hammond, N. R.,& Fivush, R.(1991). Memories of Mickey Mouse: Young children recount their trip to Disneyworld. *Cognitive Development*, 6, 433-448.

18 Nelson, K., & Gruendel, J. M.(1981). Generalizing event representations: Basic building blocks of cognitive development, In. E, Lamb & A. L. Brown (Eds.), *Advances in developmental psychology*. Vol.1. Lawrence Erlbaum Associates. 131-158.

19 上原泉. (1998). 再認が可能になる時期とエピソード報告開始時期の関係:縦断的調査による事例報告—. 教育心理学研究, 46, 271-279.

20 Uehara, I. (2000). Differences in episodic memory between four- and five-year-olds : False information versus real experiences. *Psychological reports*, 86, 745-755.

21 上原泉. (2012).「子どもにとっての幼少期の思い出」. 清水由紀・林創(編著).『他者とかかわる心の発達心理学』(183-196). 金子書房.

22 Courage, M. L., & Howe, M. L. (2022). Autobiographical memory: Early onset and developmental course. In M. L. Courage, N. Cowan (Eds.) , *The development of memory in infancy and childhood*, 238-261. Psychology Press.

23 Harley, K., & Reese, E.(1999). Origins of autobiographical memory. *Developmental Psychology*, 35, 1338-1348.

24 Howe, M. L., & Courage, M. L.(1993). On resolving the enigma of infantile amnesia. *Psychological Bulletin*, 113, 305-326.

23 Toyama, N. (2020). Social exchanges with objects across the transition from crawling to walking. *Early Child Development and Care*, 7, 1031-1041.
24 Tomasello, M. (1999) *The cultural origins of human cognition*. Harvard University Press. (トマセロ(著)大堀壽夫・中澤恒子・西村義樹・本多啓(訳). (2006).『心とことばの起源を探る―文化と認知』勁草書房.)

第2章

1 DeCasper, A. J., Lecanuet, J. P., Busnel, M. C., Granier-Deferre, C., & Maugeais, R. (1994). Fetal reactions to recurrent maternal speech. *Infant behavior and development*, 17, 159-164.
2 DeCasper, A. J., & Spence, M. J. (1986). Prenatal maternal speech influences newborns' perception of speech sounds. *Infant behavior and Development*, 9, 133-150.
3 Bushnell, I. W. R., McCutcheon, E., Sinclair, J., & Tweedlie, M. E.(1984). Infants' delayed recognition memory for colour and form. *British Journal of Developmental Psychology*, 2, 11-17.
4 Cornell,E. H.(1979). Infants' recognition memory, forgetting, and savings. *Journal of Experimental Child Psychology*, 28, 211-229.
5 Perris, E. E., Myers, N. A., & Clifton, R. K. (1990). Long - term memory for a single infancy experience. *Child Development*, 61, 1796-1807.
6 Csibra, G., & Gergely, G. (2009). Natural pedagogy. *Trends in Cognitive Sciences*, 13, 148-153.
7 奥村優子. (2020).『乳児期における社会的学習:誰からどのように学ぶのか』東京大学出版会.
8 奥村優子. (2022).「まなざしや声かけが赤ちゃんの学びを助けます:社会的手がかりが乳幼児期の物体学習に及ぼす影響の解明」NTTコミュニケーション科学基礎研究所オープンハウス2022 研究展示. https://www.kecl.ntt.co.jp/openhouse/2022/exhibition_19.html
9 Koenig, M. A., Clément, F., & Harris, P. L. (2004). Trust in testimony: Children's use of true and false statements. *Psychological Science*, 15, 694-698.
10 外山紀子. (2017). 幼児期における選択的信頼の発達. 発達心理学研究, 28, 244-263.

knowledge of object motion and human action. In D. Sperber, D. Premack, & A. J. Premack (Eds.), *Causal cognition: A multidisciplinary debate* (44-78). Clarendon Press.

12 Meltzoff, A. N., & Moore, M. K. (1983). Newborn infants imitate facial gestures. *Child Development*, 54, 702-709.

13 Condon, W. S., & Sander, L. W. (1974). Synchrony demonstrated between movements of the neonate and adult speech. *Child Development*, 45, 456-462.

14 Malloch, S., & Trevarthen, C. (2009). *Communicative musicality: Exploring the basis of human companionship*. Oxford University Press. (根ケ山光一・今川恭子・蒲谷槙介・志村洋子・羽石英里・丸山慎(監訳). (2018).『絆の音楽性:つながりの基盤を求めて』音楽之友社.)

15 石島このみ・根ケ山光一. (2013). 乳児と母親のくすぐり遊びにおける相互作用. 発達心理学研究, 24, 326-336.

16 外山紀子. (2022). 母子の離乳食場面におけるリズミカルな表現. 乳幼児医学・心理学研究, 31, 47-63.

17 Tronick, E., Als, H., Adamson, L., Wise, S., & Brazelton, T.B. (1978). The infant's response to entrapment between contradictory messages in face-to-face interaction. *Journal of the American Academy of Child Psychiatry*, 17, 1-13.

18 Adolph, K. E., Cole, W. G., Komati, M., Garciaguirre, J. S., Badaly, D., Lingeman, J. M., Chan, G. L., & Sotsky, R. B. (2012). How do you learn to walk? Thousands of steps and dozens of falls per day. *Psychological Science*, 23, 1387-1394.

19 Adolph, K. E., & Tamis-LeMonda, C. S. (2014). The costs and benefits of development: The transition from crawling to walking. *Child Development Perspectives*, 8, 187-192.

20 Toyama, N. (2021). Developmental changes in infants' object interactions across the transitional period from crawling to walking. *European Journal of Developmental Psychology*, 18, 520-544.

21 Toyama, N. (2022). Developmental changes in infants' physical contact with others across the transitional period from crawling to walking. *Infant and Child Development*, 31, e2288.

22 Karasik, L. B., Adolph, K. E., Tamis-LeMonda, C. S., & Zuckerman, A. L. (2012). Carry on: Spontaneous object carrying in 13-month-old crawling and walking infants. *Developmental Psychology*, 48, 389-397.

文献

第1章

1　ポルトマン. (著)高木正孝(訳). (1961). 『人間はどこまで動物か―新しい人間像のために』岩波書店. Portman, A. (1956). *Zoologie und das neue Bild vom Menschen: biologische Fragmente zu einer Lehre vom Menschen.* Rowohlt.

2　ローレンツ, K. (著)日高敏隆・丘直通(訳). (1989). 『動物行動学Ⅱ』思索社. Lorenz, K. (1965). *Über tierisches und menschliches Verhalten.* Piper.

3　Johnson, M. H., Dziurawiec, S., Bartrip, J., & Morton, J. (1992). The effects of movement of internal features on infants' preferences for face-like stimuli. *Infant Behavior and Development,* 15, 129-136.

4　Kuhl, P. K., Stevens, E., Hayashi, A., Deguchi, T., Kiritani, S., & Iverson, P. (2006). Infants show a facilitation effect for native language phonetic perception between 6 and 12 months. *Developmental Science,* 9, F13-F21.

5　Johansson, G. (1973). Visual perception of biological motion and a model for its analysis. *Perception and Psychophysics,* 14, 201-211.

6　Bertenthal, B. I., Proffitt, D. R., Spetner, N. B., & Thomas, M. A. (1985). The Development of Infant Sensitivity to Biomechanical Motions. *Child Development,* 56, 531-543.

7　Méary, D., Kitromilides, E., Mazens, K., Graff, C., & Gentaz, E. (2007) . Four-day-old human neonates look longer at non-biological motions of a single point-of-light. *PLoS ONE,* 2, e186.

8　Klin, A., Lin, D. J., Gorrindo, P., Ramsay, G., & Jones, W. (2009) . Two-year-olds with autism orient to non-social contingencies rather than biological motion. *Nature,* 459, 257-261.

9　Heider, F., & Simmel, M. (1944). An experimental study of apparent behavior. *American Journal of Psychology,* 57, 243-259.

10　Gergely, G., Nádasdy, Z., Csibra, G., & Bíró, S. (1995). Taking the intentional stance at 12 months of age. *Cognition,* 56, 165-193.

11　Spelke, E. S., Phillips, A. T., & Woodward, A. L. (1995) . Infants'

カバーイラスト　はらぐちあつこ
カバーデザイン　bookwall
本文イラスト　関根庸子
校正　東京出版サービスセンター
DTP・図版作成　三協美術

外山紀子《とやま・のりこ》

東京工業大学総合理工学研究科博士課程修了。現在、早稲田大学教授。博士（学術）。主な研究分野は、認知発達。著書に『発達としての共食—社会的な食のはじまり』（新曜社）、『やさしい発達と学習』（共著、有斐閣）、『生命を理解する心の発達』（ちとせプレス）などがある。

中島伸子《なかしま・のぶこ》

お茶の水女子大学大学院人間文化研究科博士課程修了。現在、新潟大学教授。博士（人文科学）。主な研究分野は、認知発達。著書、訳書に『知識獲得の過程：科学的概念の獲得と教育』（風間書房）、『子どもの認知発達』（共訳、新曜社）などがある。

ポプラ新書
248
乳幼児は世界をどう理解しているのか
2023年11月6日　第1刷発行

著者
外山紀子
中島伸子
発行者
千葉 均
編集
村上峻亮
発行所
株式会社 ポプラ社
〒102-8519 東京都千代田区麹町 4-2-6
一般書ホームページ www.webasta.jp
ブックデザイン
鈴木成一デザイン室
印刷・製本
図書印刷株式会社

N.D.C.376/286P/18cm　ISBN978-4-591-17974-1

P8201248

生きるとは共に未来を語ること　共に希望を語ること

昭和二十二年、ポプラ社は、戦後の荒廃した東京の焼け跡を目のあたりにし、次の世代の日本を創るべき子どもたちが、ポプラ(白楊)の樹のように、まっすぐにすくすくと成長することを願って、児童図書専門出版社として創業いたしました。

創業以来、すでに六十六年の歳月が経ち、何人たりとも予測できない不透明な世界が出現してしまいました。

この未曾有の混迷と閉塞感におおいつくされた日本の現状を鑑みるにつけ、私どもは出版人としていかなる国家像、いかなる日本人像、そしてグローバル化しボーダレス化した世界的状況の裡で、いかなる人類像を創造しなければならないかという、大命題に応えるべく、強靭な志をもち、共に未来を語り共に希望を語りあえる状況を創ることこそ、私どもに課せられた最大の使命だと考えます。

ポプラ社は創業の原点にもどり、人々がすこやかにすくすくと、生きる喜びを感じられる世界を実現させることに希いと祈りをこめて、ここにポプラ新書を創刊するものです。

未来への挑戦!

平成二十五年　九月吉日　　株式会社ポプラ社